힐링
밀리터리

힐링 밀리터리

초판 1쇄 찍은 날 · 2013년 6월 15일 | **초판 3쇄 펴낸 날** · 2013년 12월 16일
지은이 · 안남기 | **펴낸이** · 김승태
등록번호 · 제2-1349호(1992. 3. 31) | **펴낸 곳** · 예영커뮤니케이션
주소 · (136-825) 서울시 성북구 성북1동 179-56 | **홈페이지** · www.jeyoung.com
출판사업부 · T. (02)766-8931 F. (02)766-8934 e-mail: jeyoungedit@chol.com
출판유통사업부 · T. (02)766-7912 F. (02)766-8934 e-mail: jeyoung@chol.com

Copyright ⓒ 2013, 안남기
ISBN 978-89-8350-844-7 (03230)

값 10,000원

힐링

밀리터리
Healing military

안남기 지음

김병오·김선화·이호열·최강환 추천

예영커뮤니케이션

국립중앙도서관 출판시도서목록(CIP)

힐링 밀리터리 /
지은이: 안남기
- 서울: 예영커뮤니케이션, 2013
p. ; cm

ISBN 978-89-8350-844-7 03230 : ₩10000

설교[說敎]

235.2-KDC5
252-DDC21   CIP2013008158

김병오 교수(백석대학교 상담대학원 대학원장)

오늘날 우리 사회에서 잘 통용되고 있는 두 단어가 있습니다. 하나는 '멘붕'이고, 또 다른 하나는 '힐링(healing)'입니다. 멘붕은 '멘탈 붕괴'라는 말의 축어로, 현대사회를 살아가는 사람들이 삶의 어려움 속에서 정신이 붕괴되어 많은 고통을 겪고 있다는 것을 보여 주는 말입니다. 그런데 멘붕을 고칠 수 있는 것이 바로 힐링입니다. 힐링은 1980년대부터 지금까지 한국교회 안에서의 치유사역을 통해 알려진 말인데, 최근에는 일반사회에서도 누구나 아는 통용어가 되었습니다.

요즘 사람들은 우리 사회 곳곳에 힐링의 바람이 불기를 기대하고 있습니다. 텔레비전의 예능 프로그램에서도 힐링은 중요한 주제가 되었습니다.

그런데 우리 사회에서 힐링이 가장 필요한 곳은 어딜까요? 저는 그곳이 바로 군대라고 생각합니다. 적을 무찌르기 위해 엄격한 규율 속에서 훈련을 받고, 가장 힘든 진지에서 생활을 해야 하는 군복무 기간은 사병들이 많은 상처를 받을 수 있는 시간이기도 합니다. 통계자료에 의하면, 군대, 경찰서 또는 소방서에서 근무하는 사람들이 외상 후 스트레스 장애를 가질 가능성은 다른 사람들에 비해 아주 높다고 합니다. 따라서 이곳에서 마음의 상처(정신적 외상)로 고생하고 있는 사람들의 힐링을 위해 수고하는 것은 너무나 소중하고 귀한 사역일 것입니다.

안남기 목사님은 장로회신학대학원과 아세아연합신학대학원을 거쳐, 백석대학교기독교전문대학원에서 기독교상담학 박사과정을 이수하면서 군대 내에서 사병들이 가지고 있는 정신적 외상에 대한 힐링에 깊은 관심을 기울여왔습니다. 그러면서 군목활동 중 많은 사병들과의 만남을 통해 힐링의 바람을 일으켰습니다.

안 목사님의 치유사역을 통해 감동을 받고 힐링을 직접 체험했던 많은 사병들이 목사님께 보낸 편지들 속에는 깊고 잔잔한 감동들이 배어 있습니다. 안 목사님은 이 편지들 속에 본인의 마음을 담아 "힐링 밀리터리"를 출판하게 되었습니다. 병사들을 누구보다 따뜻하게 품어주고 격려하면서 그들의 곁으로 다가가는 목사님의 모습 속에서 천하보다 한 영혼을 더 귀하게 여기신 주님을 모습을 엿볼 수 있습니다. 이 책이 군대 사회 안팎에서 더 따뜻한 힐링의 바람을 불러일으키는 역할을 할 것을 기대하면서 이 책의 일독을 권합니다.

김선화 원장(치유선교학 박사, 내적치유사역연구원장)

지금 이 세대는 중년과 청년의 갭이 나이아가라 폭포처럼 갑자기
절단면을 드러내는 듯한 느낌을 가질 만큼 급격하게 벌어지고 있습니
다. 교회 안에 젊은 인구가 사라지고 있습니다.

이러한 교회 상황 속에서 안남기 목사님의 책에 등장하는 젊은 병
사들의 고백과 나눔은 내 안에 이 민족과 교회에 대한 소망을 다시 품
게 만듭니다. 안 목사님은 군에서 병사들에게 복음의 참 맛과 능력을
여러 가지 모양으로 전하기 위해, 기독교적인 관점에서 사람의 심리를
이해하기 위해 노력하셨고, 그것을 교회의 프로그램 안에 자연스럽게
접목하셨습니다. 안 목사님의 그런 노력과 애씀의 기록들이 이 책의 갈
피갈피에 드러납니다.

많은 사고가 끊이지 않는 군에서 병사들이 주님을 기쁘게 만나고
신령과 진정으로 예배를 드리며 이러한 심경의 고백들을 할 수 있다는
것이 너무나 귀하게 다가옵니다. 군대 교회들마다 이렇게 살아 있는 간
증들이 나올 수 있다면 자녀를 군에 보내는 부모들의 마음이 안심이
되고 얼마나 기쁠까 하는 생각을 하며 이 책을 권합니다.

이호열 목사(한국군종목사단장 대령)

"사람이 희망이다."라는 말이 있습니다. 이 말은 '인간은 만물의 척도라고 주장한 (비록 상대주의적 철학의 입장에서 한 말이기는 하지만) 프로타고라스의 말과 일맥상통하며, 결국 인간을 이해하고 인간을 치유하고 인간의 존엄성을 회복하는 일이 우리 삶에서 가장 중요한 일임을 웅변하는 말이라 여겨집니다. 하지만 인류역사가 전개된 이래 끊임없이 이루어진 과학의 발달과 찬란한 문명건설의 이면에는 지속적인 반(反)인간화의 그늘이 짙게 드리우고 있는 것이 사실입니다. 인간성장과 복리를 위해 노력해 온 법이나 도덕, 예술, 과학, 인문학, 심리학이 과연 얼마나 '인간다움'의 구현에 기여하고 있는지 이 시점에서 우리는 다시 의문을 제기할 수밖에 없습니다.

나찌 군대는 바그너나 베토벤의 음악을 감상하며 끔찍한 학살을 저질렀고, 스페인 내란 때 명화 '게르니카'를 그려 전쟁의 야만성을 고발한 피카소는 실제생활에서의 냉혹한 인간성으로 인하여 비난받고 있습니다. 인간은 모순적인 존재이기 때문에 인간회복의 길은 멀고 먼 길이며, 인간의 가능성은 아름답고 무한하지만 그 양면성으로 인하여 늘 불안하고 조심스럽기만 한 것이 현실입니다. 이러한 모든 의문과 부정적인 전망에도 불구하고 예수 그리스도는 인간을 구원하기 위해 인간의 몸을 입고 이 땅에 오셨고 수난을 당하셨습니다. 우리 스스로 경험해 보아도 모순적이기만 한 존재인 인간을 한결같이 사랑하신 그분의 삶과 말씀을 생각할 때 우리는 인간을 포기해서는 안 되고 포기할 수도 없다는 것을 다시 한 번 깨닫게 되는 것입니다.

안남기 목사님은 이십 년 가까이 청년 장병들을 위해 기도하고 그들의 군생활과 삶을 돕기 위해 한결같이 애쓰신 분입니다. 이 책에 소개되는 안 목사님의 글들을 읽으면서 장병들과 함께 웃고 울며 탄식하고 기뻐했던 목사님의 순수한 마음을 느낄 수 있었습니다.

어느 선배 목사님의 고백이 떠오릅니다.

"성공한 목회와 삶은 한 가지밖에는 없습니다. 오직 그들을 진정으로 사랑하는 것입니다."

그런 면에서 안 목사님의 군사역은 성공한 사역이라고 생각합니다. 많은 분들이 이 책을 읽으면서 희망과 치유를 경험하게 될 것을 믿습니다. 안 목사님의 앞으로의 사역을 기대합니다.

최강환 목사(한국기독교군선교교역자회 회장, 5사단 화생방지원대 새생명교회 담임)

저자로부터 추천의 글을 부탁 받았을 때 저는 약간의 부담을 안고 의무감으로 원고를 읽기 시작했습니다. 그러나 첫 번째 병사의 이야기부터 마지막 병사의 이야기까지 읽는 동안 원고를 손에서 놓을 수 없었습니다. 저자의 사역 내용이 병사들의 편지글과 함께 소개되면서 잔잔한 감동과 함께 흥미를 더했기 때문입니다.

근래에 저는 모 부대 부사관의 자살 미수 사건과 모 부대 교회 신우의 자살 사건을 접하면서 많은 생각을 하게 되었습니다. 희망을 품고 살아야 할 젊은 청년들도 죽음을 선택해야 할 만큼 삶의 짐이 무거울 수 있다는 것과 반드시 힐링이 필요하다는 것을.

"힐링 밀리터리"는 진중 교회를 섬기면서 경험했던 사역의 내용을 병사들의 글을 통해 쉽게 이해할 수 있도록 전개가 되었습니다. 처음부터 끝까지 읽는 것만으로도 많은 사역의 경험을 공유할 수 있으리라 생각됩니다. 이 책에는 다양하고 소중한 사례들이 담겨져 있어서 그 어느 때보다 힐링이 필요한 군선교사역에 꼭 필요한 지침서라 여겨집니다. 군선교사역을 하고 있는 목회자는 물론이요, 군선교에 관심을 가지고 있는 사람이라면 꼭 한 번 읽어보기를 추천합니다. 이 책을 통하여 군선교사역에 힐링의 역사가 불길처럼 번져 나가기를 기도합니다.

들어가면서

사람은 생의 발달단계를 지내는 동안 변화를 위한 중요한 만남을 경험하게 됩니다. 그러나 우리 사회는 가정폭력과 이혼율이 지속적으로 상승하고 있는 가운데 가정에서부터 의미 있는 대상과의 질적인 만남이 어려운 사회가 되었습니다. 생의 발달단계를 거쳐오는 동안 부모나 돌보아 주는 사람들에 의해서 형성되어야 할 심리적 욕구들이 충족되지 못하여 청년이 되어서도 정체성에 대하여 고민하다가 심하면 정신병적인 상태까지 발전하여 군에 입대하는 병사들도 있습니다.

뿐만 아니라 우리 사회는 학교나 군대가 사람의 성장을 도와주는 건강한 집단이라기보다 오히려 병리를 유발시키는 집단이 되고 있다는 우려를 간과할 수 없습니다. 특히 복무 부적응으로 인한 우울증, 자살, 탈영, 폭력, 왕따 등의 병리적 현상들이 군에서 사라지지 않고 있는 현실입니다.

그러나 어린 시절 때 충분한 돌봄을 받지 못한 결함에도 불구하고 생의 특정단계에서 맞았던 발달위기가 후속단계에서 개선되거나 성공적으로 해결될 수 있다고 믿습니다. 이것이 희망 아니겠습니까? 군대는 인간발달과 성장의 가장 중요한 단계인 초기 성인기의 20대 초반 청년들이 꼭 거쳐야 하는 필수적인 과정입니다. 저는 군대에서의 생활이 좋은 대상과의 만남을 통하여 인생의 바른 변화를 가져다 주는 결정적인 기회가 될 수 있다고 확신합니다.

현재 군에서는 2004년부터 가슴 아픈 이야기들을 간직한 병사들이 함께 모여 빛바랬던 과거와 고통스러운 현재와 미래의 이야기를 함께 나누는 비전캠프, 그리고 최근에는 그린캠프와 같은 프로그램이 적용되어 공식적으로 시행되고 있습니다. 또한 병영생활 상담관이 부대마다 배치되어 있고, 간부들의 상담 능력이 향상되었을 뿐만 아니라 한 생명에 대한 존중과 가치를 그 어느 때보다도 소중히 여기는 병영문화가 되었습니다.

저는 군에 입대해서 이제껏 받지 못했던 관심과 사랑을 경험한 형제들을 많이 보았습니다. 이런 의미에서 20대의 젊은 형제들이 있는 군대는 치유와 회복과 사랑이 있는 희망의 땅인 것입니다. 목회자요, 군복을 입은 군종장교로서 이제 군은 더 이상 병리적공동체가 아니라 존중과 배려와 사랑이 있는 건강한 공동체라 말할 수 있습니다. 군대는 하나님께서 이 시대에 허락하신 아주 중요한, 사람을 살려내는 '생명공동체'인 것입니다. 국민들은 군대를 신뢰하고, 부모들은 마음껏 자녀들을 군에 보내 주고, 군 입대를 준비하는 젊은 청년들은 기대하는 마음으로 입대하게 될 때 더 강한 군대와 대한민국이 될 것이라 확신합니다.

저는 군사역 중에 장병들의 이야기를 듣고 자신의 이야기를 쓰게 하는 것을 좋아했습니다. 이야기의 힘을 몸소 체험했기 때문입니다. 수년 전에 전국의 부대를 몇 시간 동안 차를 타고 이동해서 교육할 때 한 시간 동안 수백 명 앞에서 교육하는 것보다 십여 명의 장병들의 이야기를 듣는 시간을 더 가치 있는 것으로 여기곤 했습니다. 경제적 가치를 말하는 사람들은 수백 명에게 교육하는 것이 더 중요한 것이 아니냐고 말하지만, "나의 이야기를 들어 주세요." 하는 장병들의 내면의 소리를 외면할 수 없어 고집스럽게 이야기를 듣는 사역을 하기도 했습니다. 아무에게도 말해 본 적이 없는 사건들, 숨겨온 일들, 부끄러운 부분들에 관한 이야기들이 안전한 사람들과의 공간에서 시작되었을 때 자신도 알지 못했던 복잡하게 얽혔던 실타래가 풀어지는 것을 보았습니다.

"힐링 밀리터리"는 군대에서 힐링을 경험한 장병들의 생생한 이야기입니다. 군사역 동안에 언젠가는 다시 한 번 읽고 싶은 마음에 장병들의 이야기들을 모아 두었습니다. 군사역을 마무리하는 즈음, 한 장 한 장 그들의 이야기들을 다시 읽고 생각하면서 '지금 여기'에서 느낀 감정을 적어보았습니다. 이야기가 살아서 숨을 쉬는 것 같았고, 바로 그 병사와 마주 앉아 이야기하고 있는 것 같았습니다.

어느덧 많은 이야기들이 모아져서 독자들과 함께 나눌 수 있게 되었습니다. 아마도 이 이야기의 출연자들은 지금 자기 인생의 주인공이 되어 아름다운 이야기를 기록하고 있을 것입니다.

수년 전 첫 번째 책 『내가 너를 사랑하였노라』에서 장병들이 치유

되고 변화되는 이야기들을 에세이 형식으로 나누었습니다. 그때 독자들에게 남겨 두었던 이야기들을 시간이 지나면 공개하면 좋겠다 했던 기억이 납니다. 그리고 두 번째 책 『황금어장』에서 치유와 회복이 있는 희망의 땅, 군대에서 선포했던 메시지를 나누기도 했습니다.

이제 『힐링 밀리터리』에서 손과 가슴으로 쓴 장병들의 이야기를 나누며 우리 국민들에게 희망과 진정한 사랑의 힘을 소개하고 싶습니다. 이 책을 손에 들고 가슴으로 읽으면서 "여전히 대한민국은 희망이 있습니다."라고 고백할 수 있게 되기를 기대해 봅니다.

아주 특별한 부르심의 현장에 있는 군종목사 안남기

목차

힐링 밀리터리

다섯 번째 이야기 – 희망

힐링

밀리터리
Healing military

첫 번째 이야기

치 유

내 가장 어두운 곳에서 시름으로 눈물 흘릴 때
그보다 더 큰 고난의 손으로 나를 어루만지시니
그것은 사랑 사랑이어라

1 15세 되던 즈음에

 정신과 의사 스캇트 펙(Morgan Scott Pect)은 임상실험에서 나타나는 여러 가지 양상들 가운데 설명하기 어려운 놀라운 일들이 있음을 설명하고 있다. 환자들에게 이 정도의 아픔과 상처가 있다면 뚜렷한 증상이 나타나야 함에도 불구하고 의외로 건강하게 성장한 모습들을 보면서 자연법칙과 정신과학의 틀을 가지고 설명할 수 없는 것들이 있다는 것이다. 이것은 "자살하는 이유는 알고 있는데 자살하지 않는 이유는 밝히기가 어렵다." 라는 말과 같은 의미라 할 수 있다. 우연이라거나 이변, 운명의 교차, 기적적인 기술로서 작용하는 뇌세포의 기능이라고 설명할 수 없는, 우리의 생명을 보호하고 있는 우리가 완전히 알지 못하는 어떤 힘, 인간의 무의식 속에 있는지 의식 속에 있는지 모르지만 그 어딘가에 존재하는 힘인 것이다. 우리는 그 힘을 '은총'이라 부른다.

다음의 내용은 전국에 흩어져 있는 탄약부대를 순회하며 여러 명의 병사들과 대화를 나눈 후 자신의 삶의 이야기를 한 장으로 기록한 것이다(자신의 이야기를 여러 사람과 함께 나누어도 좋다고 허락받았다.).

제 이십 년의 인생을 한 단어로 표현하면 '도망자로서의 삶'이었고, 아버지의 삶은 '추적자로서의 삶'이었습니다. 저는 아버지께 지은 죄도 없이 아버지의 폭력을 피해 도망다녀야만 했습니다. 늘 긴장 속에서 살던 어느 날, 내 앞에는 패배한 추적자의 모습이 보였습니다. 아버지가 돌아가신 것입니다. 그 순간 제 맘을 휩싸고 도는 것은 승리의 기쁨이라기보다도 상실감이었습니다. 아버지께서는 늘 저에게 "너는 내가 죽을 때 눈물 한 방울 안 흘릴 녀석이다."라고 하셨는데 그 말대로 내 눈에선 눈물이 흐르지 않았습니다. 무엇 때문에 그랬는지 지금도 모르겠습니다. 해방감에 웃어야 될지 상실감에 울어야 될지 아버지의 죽음을 어떻게 받아들여야 할지 몰랐나봅니다.

그러나 아버지를 화장한 후 재를 아버지의 고향에 뿌릴 때 나의 눈시울은 뜨거워지며 주체할 수 없는 눈물이 흘렀습니다. (중략) 지금 저에게 아버지라는 존재는 미워함도 사랑함도 아닌, 현재의 '나'라는 인격체를 만든 하나의 요소라고 생각됩니다.

제가 15세 되던 즈음에 어머니를 통해 교회에 나가면서 이 세상에는 창조주가 있음을 알게 되었고 그 창조주가 인생의 길을 인도한다는 것을 알게 되었습니다. '하나님이 나에 대해 어떤 뜻이 있기 때문에 그 뜻을 이루려고 내 인생의 길을 이렇게 저렇게 인도하신 것이 아닌가?' 하는 생각을 하니 그동안 내 인생의 무대에 나타났던 사람들에 대한 미움도, 증오함도 없어졌습니다. 그리고 저의 관심은 사람이 어떻게 하면 자기를 만든 창조주의 뜻을 바로 알고 그대로 행할까에 집중되었습니다.

저는 지금도 하나님이 내 길을 인도하신다는 것을 확신하고 늘 그것에 감사하기에 매순간 노력하고 있습니다.

위의 글을 쓴 형제의 이야기 속에 "제가 15세 되던 즈음에 어머니를 통해 교회에 나가면서"라는 인생의 어느 한 시점에 의미 있는 이야기가 나타난다. 그리고 그때 자신을 지으신 분이 하나님이심을 알고 하나님을 만났다고 했다. 은총의 눈으로 아버지를 바라보니 "지금 저에게 아버지라는 존재는 미워함도 사랑함도 아닌 현재의 '나'라는 인격체를 만든 하나의 요소라고 생각됩니다."라고 고백했다. 너무 힘들고 고통스러웠던 과거의 사건들이 저주가 아니라 오히려 자신의 영적인 성장을 위한 경험이었다고 고백할 수 있었던 것이다. 짧은 몇 시간의 만남 동안 "목사님, 너무 힘들었습니다."라는 가슴이 저미어오는 슬픔의 눈빛이 전해지기도 했지만 일상적인 우리의 언어로 설명하기 힘든 "내가 살아가야 할 이유가 있다."고 하는 확신에 찬 그 강렬한 눈빛은 지금까지 너무 선명하게 내 마음에 자리잡고 있다.

하나님의 은총 속에 아름다운 2막의 이야기를 써나가고 있을 형제가 한 번쯤은 보고 싶다.

2 그것은 사랑

어느 주일 저녁, 전방에서 함께했던 예비역 형제가 예쁜 아내와 함께 교회를 방문했다. 그 형제는 아내에게도 드러내지 않았던 자신의 연약했던 군대 이야기를 여러 사람들 앞에서 당당하게 고백했다. 과거의 상처와 힘들고 어려웠던 자신의 삶을 새롭게 구성한 형제의 이야기를 들으면서 주님이 써 주신 한 편의 은혜의 드라마를 볼 수 있었다. 신병교육대에서부터 낙인되어 자신의 이야기를 잃어버린 '자살 우려 병사'였던 한 사람을 주님께서 치유하시고 회복시키시고 성숙시켜 나가는 모습 속에서 주님은 너무나 위대하신 분임을 고백하지 않을 수 없었다.

이 형제는 전역 후 내적치유사역원에서 주관하는 '성서적 내적치유 세미나'에 참석하면서 자신처럼 버림받음의 슬픔과 심지어 하나님으로부터 거절당한 아픔을 함께 경험하신 주님을 인격적으로 만났다. 치유를 경험한 형제는 치유상담실 간사님에게 "군대에 저처럼 아파하는 사람들이 많아요."라고 하면서 2박 3일의 세미나를 군대에서 실시할 수 있도록 통로가 되어 주었다. 아픈 경험이 있었기 때문에 아파하는 다른 사람의 마음을 이해할 수 있는 '상처 입은 치유자'가 된 것이다.

사단장님의 특별 배려로 동두천에 있는 기도원에서 백오십 명 가까이 되는 장병들을 대상으로 내적치유 세미나를 진행할 수 있었다.

다음의 글은 입대 전 폭력을 당한 병사가 군에서 실시한 내적치유 세미나에 참석한 후에 기록한 소감문의 일부이다.

많은 어려움 끝에 이 자리까지 왔습니다. 심한 육체의 병과 마음의 병으로 일 년 가까운 시간을 아파했습니다. 그 중에 목사님께서 믿음을 주셨습니다. 가장 큰 선물.

그러나 그후로 저에게는 너무 부담스러운 짐이라는 생각 때문에 많이 망설였습니다. 제 자신이 너무 부끄럽고 더럽고 부족하다는 생각 때문이었습니다. 그 말씀들에 떳떳하게 살 자신이 없었기 때문입니다.

지금도 앞으로 내 자신이 올바르게 걸어갈 수 있을까 의심스럽지만 이제는 혼자가 아니라는 생각이 들었습니다. 내가 받았던 가장 큰 선물. 그 상자의 뚜껑을 이제 열었습니다. 작은 씨앗이 들어 있네요. '사랑'이라는 씨앗입니다. 나는 두 손 안에 그 씨앗을 담고 웃고 있네요. 작은 것. 하찮은 것. 그 모든 것들에 감사할 수 있을 것 같아요. 앞으로 얼마나 눈물을 흘릴지 모르지만 저를 미워하지 않을 거예요. 남을 미워하지 않을 거예요. 사랑하는 마음으로, 감사하는 마음으로….

그리고 '그것은 사랑'이라는 제목으로 한 편의 시를 남겼다.

내 가장 어두운 곳에서 시름으로 눈물 흘릴 때
그보다 더 큰 고난의 손으로 나를 어루만지시니
그것은 사랑 사랑이어라
내가 받을 가장 큰 은혜
그것은 사랑 사랑이어라
내게 주신 가장 큰 선물
내 가장 눈부신 곳에서 행복으로 웃음 지을 때
그보다 더 큰 기쁨의 눈으로 나를 바라보시니
그것은 사랑 사랑이어라
내가 받은 가장 큰 은혜
그것은 사랑 사랑이어라
내게 주신 가장 큰 선물

지금은 이 형제에 대한 소식을 듣지 못하고 있다. 하지만 지금도 이 형제를 기쁨의 눈으로 바라보시면서 함께 손잡고 동행하고 계시는 주님 때문에 분명 행복한 삶을 살아가고 있을 것이라 확신한다.

3 눈물 흘리는 아들들

OO이와의 첫 만남은 의무실에서 이루어졌다. 주 1회 입실해 있는 병사들을 방문하여 대화하던 중에 목사의 방문을 환영하지 않는 듯한 거부감의 느낌을 받았다. 공식적인 방문이 주는 다소 반강요적인 분위기였지만 과자봉지를 나누어 주고 2인 1조가 되어 대화를 나누도록 하여 상대방을 1인칭으로 소개하는 프로그램을 진행했다. 아마도 OO이는 편안한 분위기 속에서 진행된 그 첫 만남 가운데 목사에게 마음을 열었던 것 같다.

그후 사능 교회 선교부의 후원으로 성탄 축하 케이크와 도서 『눈물 흘리는 아버지들』을 연말연시 장병 위문품으로 진지와 생활관으로 보내면서 아버지에게 보내는 편지를 써볼 것을 홍보했다. OO이는 다음과 같이 보내왔다.

아버지, 보세요!
아버지의 아들이 이렇게 편지를 쓰는 것 태어나서 처음입니다. 편지 쓰고 싶은 생각은 죽어도 없었습니다. 어렸을 때부터 나에게 아버지는 악당 같았고, 세상에 저렇게 나쁜 사람이 다 있을까 등 생각하기도 싫은 일만 있었습니다. 두 집 살림살이를 하는 아버지를 얼마나 증오했는지…. (중략)

○○이는 아버지에게 보내는 편지와 함께 군종목사에게 도움의 편지를 전했다.

목사님께서 권해 주신 『눈물 흘리는 아버지들』 책을 읽고 이틀 동안 멍하니 아버지에 대해 생각하고 또 생각했습니다. 책의 대부분의 내용이 아버지들이 과거에 자녀, 아내에게 잘못했던 것들에 대해 반성하고 앞으로 잘하겠다는 다짐들이었습니다. '나보다 더 힘든 사람이 있었구나! 이 사람들이 모든 것을 반성하고 새로 시작하는구나.'라는 생각이 들었습니다. 그리고 모든 사람이 하나님을 믿고 새로운 삶을 사는 모습이 아름답고 마음이 찡했습니다. (중략) 이번에 3기 아버지학교에 꼭 들어가고 싶습니다.

'아버지학교'는 수년 전부터 두란노를 중심으로 진행하고 있는 5주 프로그램이 아니다. 아버지를 중심으로 이야기를 나누는 2박 3일의 집단상담 프로그램이다. 현재 육군에서 진행하고 있는 비전캠프와 비슷한 성격이라 할 수 있다. 장병들의 독후감, 편지를 보고 아버지와의 화해가 필요한 병사들을 선정했고, 전입신병이 대기하는 동안 면담과 문장완성 검사, 교류분석과 같은 성격유형 검사를 통해서 이야기가 필요하다고 판단되는 병사를 추천하는 방법으로 십여 명이 모일 수 있었다. 참석한 병사들은 이 기간 동안에 많이 울었던 것으로 기억된다. 슬픔의 눈물, 후회의 눈물, 그리고 사랑과 화해의 눈물…. ○○이도 눈물을 흘렸었다.

　　○○이는 아버지학교를 마치며 다음과 같은 소감문을 기록했다.

　　아버지! 이제 아버지를 용서하려고 합니다. 제가 지금 아버지를 용서하고자 하는 이유는 아버지는 ○○이의 하나밖에 없는 아버지이기 때문입니다. 전 아버지를 정말 싫어했습니다. 그 이유는 아버지가 더 잘 아실 것입니다. (중략) 이런 말이 기억납니다. "죄는 미워하되 사람은 미워하지 말라." 하나님께서는 모든 사람을 미워하지 않는 것 같습니다. 저와 어머니께 죄를 많이 지은 아버지를 용서하며 사람을 미워하지 않기로 했습니다. 2박 3일 동안 많은 대화를 한 결과인 것 같습니다.

　　비로소 제 마음의 문이 열려서 후련합니다. 이제 그 말을 인정하며 앞으로 초라한 아버지를 감싸야겠다는 생각밖에 없습니다. 아버지가 돌아가시기 전에 해결하지 못하면 후회가 될 것 같습니다.

　　"아버지! 이제 저에게 오세요! 사랑하는 아버지를 받아드릴 아들이 여기 있습니다."

　　아! 정말 후련합니다.

4 아버지학교

초등학교 3학년 때 부모님이 이혼하시고, 친어머니와
함께 살다가 군 입대 후 어머니는 자궁암에 걸리게 되었
고, 백 일 휴가를 나가서 보니 암이 다른 기관으로 전이가
되었다는 말을 듣고 절망하는 병사가 있었다. 게다가 4년
동안 교제하던 여자친구도 떠났고, 아버지에게 가서 수술비를 도와달
라고 말해도 새 어머니의 눈치가 보이기 때문에 도와줄 수 없다는 말
을 들었다고 했다. 현재 부대생활 가운데 자기의 이런 마음을 이야기
하려 해도 위로받기는커녕 현실을 도피한다고 비아냥거리는 소리를 듣
고 있다면 마음이 어떨까?

이 병사에게 해결해야 할 두 가지 문제가 있다. 물론 마음의 문제이
다. 어머니가 1—2개월밖에 살지 못한다는 의사의 말을 듣고 이 사실을
어떻게 받아들여야 하느냐 하는 것과 현재 부대생활을 어떻게 해나가
야 할 것이냐 하는 문제이다.

이 병사에게는 여러 가지 생각이 있을 수 있다. 하나는 이러한 상황
을 회피하고 싶은 생각일 것이다. 즉 의가사 제대를 해서 어머니 곁에

있고 싶은 마음이다. 그러나 이것은 현실적으로 불가능한 것이다. 현재 형이 있고, 아버지가 아직 이 병사의 호주이기 때문이다. 또 하나의 방법은 한 번쯤은 생각해 보았을 탈영 그리고 자살이다. 이 고통스러운 환경을 피해 보고자 하는 것이다. 그 마음은 충분히 이해가 된다. 그러나 이 해결책은 더 어려운 상황을 가져오게 된다.

그런데 이 상황 가운데에서 가장 힘든 것이 무엇일까? 자기의 이러한 고통스러운 마음을 이해해 줄 사람이 없다는 것에서 오는 소외감일 것이다. 어머니의 아픈 모습보다 더 괴로운 것은 자기 안에 있는 외롭고 슬프고 불안한 자기라 할 수 있다. 자기의 마음을 함께 공감해 주고 끝까지 들어 주고 함께 아파해 주는 위로의 사람을 갈망하는 것이다. 한 소대에서 자기의 마음을 이해해 줄 친구가 없다는 것이 더 힘들게 하는 것이다.

이 병사는 『내 마음속에 울고 있는 내가 있어요』라는 책을 읽고 독후감을 보내왔다. 그리고 2박 3일의 '아버지학교' 프로그램에 참여했고, 다음과 같은 소감을 남기고 있다.

> 우리 열 명, 적은 무리이지만 그 와중에서도 서로의 상처를 고백하고 자기가 잘못 알았던 과거의 슬픔을 나눌 수 있었던 계기가 되어서 좋았다. 비록 짧았던 2박 3일이지만 좋은 기억과 추억으로 남을 것이다. 이 모임으로 알게 된 나의 새로운 면을 이제 실행하겠다는 다짐이 앞선다. 모두 선하며 진실된 삶속에서 영원히 이 날을 간직하며 서로의 슬픔을 치유하고 남을 배려하는 사람으로 살아갔으면 한다.

이 자리를 만들어 주신 목사님께 감사하고 또 이렇게 힘들고 병들어 가는 나약한 우리들을 용서하시고 보살펴 주시는 하나님의 은혜에 감사를 드린다. 이렇게 말하고 싶다.

"여기는 사랑이 넘치는 곳이에요. 이젠 닫힌 마음을 문을 활짝 열어보세요."

때로 우리는 인생의 장에서 피난처가 절실히 필요할 때가 있다. 인생의 모든 상황을 도전과 공격으로만 응답할 수 있는 것은 아니다. 어떤 상황에서는 피해 가는 것이 최대, 최선의 방법일 수 있다. 문제는 피하는 것이 최선의 방법일 때 피할 곳이 있느냐는 것이다.

내 삶이 벼랑 끝에 몰려 있을 때, 저 땅 끝에서, 더 이상 나아갈 수 없는 마지막 코너에 몰렸을 때 자신의 마음을 솔직하게 표현해 보자. 군생활을 하면서 때로 자존심이 상하는 이야기, 내 인격이 무시당하는 소리를 들을 때 스스로에게 어떤 대화를 하는지 생각해 보자.

나는 하나님과 대화할 것을 권하고 싶다. 기도란 아픈 것을 아프다고 말하는 것이다. 그리고 하나님 앞에서 쓰라린 감정을 마음껏 토로하는 것이다. 현재의 내 심정을 그대로 표현하는 것이다. 그리고 솔직한 내 마음의 소원을 고백하는 것이다.

지금 글을 쓰면서 어쩌면 좋은 아버지가 되어 있을 이 병사를 다시 기억하며 축복한다.

5　아주 특별한 3일

　　각 부대마다 군종목사를 보좌하며 공식적인 군종활동을 할 수 있는 군종병과 자신의 주특기가 있지만 이중으로 부대와 교회와 장병들을 섬기는 군종병들이 있다. 군종부에서는 연 1—2회 이들을 소집하여 군종병 집체 교육을 실시한다. 신앙심이 돈독했던 병사들도 일 년 가까이 군생활을 하다보면 신앙생활이 권태스러워지고 군종병으로서의 사명감을 잃어버리기도 한다. 군종목사 초창기에는 이들에게 강요된(?) 사명감을 심어 주는 것이 군종병 집체 교육의 목표였다.

　　그런데 어느덧 이들과 비슷한 또래의 자녀를 둔 부모가 되어서 그런지 군종병들도 사랑받고 환영받아야 하는 연약한 병사라는 것과 군인 가족들에게도 군종병들을 섬길 수 있는 기회를 만들어 주어야겠다는 마음이 생겼다.

　　군단 교회는 군인 가족 신자들이 다른 부대보다 적절하게 있는 편이다. 그래서 전반기 군종병 집체 교육을 군인 가족들과 함께하는 '아주 특별한 3일'이라는 테마로 진행해 보았다.

이십여 명의 군종병들을 다섯 개 조로 나누어 구역원들과 만날 수 있도록 프로그램을 구성했다. 첫째 날은 구역원들과 함께 인생그래프를 그리면서 서로 이야기를 나누며 조 이름을 정하도록 했고, 둘째 날에는 군종병과 구역원들이 함께 가정에서 구역예배를 드리면서 저녁예배 시간에 조별로 나와 찬양을 발표할 수 있도록 하였다. 그리고 셋째 날에는 여전도회에서 준비한 '사랑의 바자회'에 참여하도록 했다.

'아주 특별한 3일'에 참석한 한 군종병의 소감문이다.

2011년 5월, 우리는 군종병으로서 '아주 특별한 3일'이라는 주제로 모였다. 교회에 들어서는 순간 깜짝 놀랐다. 이렇게 많은 군종병들이 있을 줄은 생각도 못했다.

2박 3일 동안 인생그래프를 그리면서 내가 살아온 인생을 이야기하는 첫날의 그 시간을 잊을 수 없다. 우리 조는 네 명의 군종이 한 팀인데 서로를 모르는 상태였다. 그럼에도 집사님들과 함께 이야기하는 동안 어느새 많이 가까워져 있었다.

첫째 날 저녁예배를 드리는 동안 큰 감동과 은혜를 받았다. 서로를 위해 기도하고 찬양하고… 정말 오랜만에 온몸에 전율이 느껴지는 감동이 있었다.

2일차에 접어든 우리 군종병들. 특강도 듣고, 군인 가족들과 구역예배를 드렸다. 정말 집에 온 듯 편안하고 즐거운 시간이었다. 서로 모여 조 이름, 조 구호, 조 가도 만들면서 하나님 안에서 서로 하나 될 수 있는 아주 특별한 시간이었다. 우리 구역원들과 준비한 모든 것을 보여 주고 싶었지만 실수 연발이었다. 하지만 우리 구역은 주님 앞에 이런 특송을 드리는 것만으로도 큰 감동이고 은혜였다.

예배가 끝나고 우리 군종병들끼리 모여 이야기를 했다. 이야기를 듣는 동안 나는 많은 생각에 잠겼다. 힘들고 시험에 들어 '포기'라는 단어를 가장 많이 생각하고 있었던 나였는데, 나보다 어렵고 힘들어하는 형제들을 보면서 반성하는 시간이 되었다. (중략) 그동안 군생활이 힘들다고 부정적으로 짜증내며 의욕 없이 그냥 시간만 흘려보냈던 내 모습이 부끄러웠고, 군종병의 역할을 충실히 하지 않고 도망치려 했던 것에 대해 용서를 구하면서 이제는 진심으로 하나님을 만나고 싶은 마음이 생겼다.

그날 밤, 그동안 쌓인 답답하고 무거웠던 마음이 싹 가시고 가볍고 후련해졌다. 그런 이야기들을 나누면서 우리들은 새벽 1시까지 기도와 찬양을 했다.

군종병들과 교우들의 '하하, 호호' 하는 웃음소리에 나도 더불어 행복한 시간이었다. '아주 특별한 3일'은 군생활 속에서 하나님이 주신 선물이며 잊지 못할 것이라고 고백했던 군종병, 자신의 왼쪽 가슴에 있는 군종마크를 부끄럽게 하고 싶지 않아 했던 군종병, 이들의 사역 이야기가 궁금해진다. 백운 교회에서 다음 군종병 집체 교육을 시행할 때 온 교우들과 함께할 수 있는 영적 분위기가 만들어지면 좋겠다.

6 어버이날 선물

　　십여 년 전, 전방 사단에서 군종부 주관으로 '신앙 선도요원 상담활동'이라는 프로그램을 시행한 적이 있다. 공동체 훈련, 성격 검사, 영화 상영, 개별 상담, 그리고 교회에서 기른 닭과 오리를 잡아 식사를 준비하는 등 나름 장병들에게 특별한 날이었다. 당시 상병이었지만 부대생활을 힘들어하는 병사가 참석해서 쓴 몇 가지 고민과 사연이 담긴 마음의 편지이다.

　　분명 나의 아버지는 약하신 분이시며, 순진함이 그 자체로 드러나신다. 하지만 저학력, 가난 등 여러 환경적 요인에 의해 쉽게 좌절하셔서 무기력증과 우울함에 시달리셨다. 또한 가정환경, 건강 등의 여러 사유들도 아버지를 병들게 했다. 어렸을 적부터 스스로 움직임이란 없었으며, 누군가의 조종에 의해 움직이셨고, 깊은 교제 및 어울림이 보이지 않았고, 갇혀진 삶 안에서 자라오셨던 것 같다.

　　그렇게 삼십여 년이 흐른 뒤 학력, 직장 등을 속여 현재의 어머니와 만남을 갖게 된다(중매결혼). 어머니는 고학력에다 반듯한 사회인(교사)이었으며, 부잣집 딸이었으나 파혼으로 인해 급히 결혼을 할 수밖에 없었다. 종교도 서로 달랐고 성격 등이 서로 맞지 않았지만, 약 십 년간 결혼생활을 이어나가셨다. 항상 구타와 불화가 이어졌다. 너무나 선하셨던 어머니의 투병생활, 가족과의 이별, 여인숙에서의 설움…. 독하지 못했던 어머니의 아픔이었다. (중략)

마음이 항상 불안한 상태에서(훈련 등 여러 가지 정황으로 인해 밖으로 나가는 것 등) 주변환경이 바뀌면 상당한 불안감이 다가온다. 사람들을 의식하는 바람에 항상 머리가 띵하다. 의식하지 않고서는 견딜 수 없는 군대라…. 답답한 현실이 지속된다. 매번 자학하거나 스스로를 달래보기도 하고 힘써 보았지만 막상 부딪히면 절망에 빠진다. 계속해서 반복되는 마음가짐이 이젠 절망 쪽으로 계속 치우친다. 사람들을 멀리하고 싶다. 내가 원하는 사람들하고만 함께 있을 수 있을까? 막나가고 싶은 생각이 심히 크다.

부대에서도 병사의 고민을 알고 있었겠지만, 군종부 행사에 상병을 보내 주었다. 사단 교회 성가대 지휘를 했던 정신과 군의관에게 도움을 구하고, 군종병들과 사랑이 필요한 병사들을 대상으로 진행한 내적치유 세미나에 2박 3일 동안 함께 참여했다. 그후 사단장님께 보고를 드리고, 약 2개월 동안 다른 두 명의 병사와 함께 교회에서 생활하며 보호하도록 했다(지금은 거의 불가능한 일이겠지만). 이 병사는 우여곡절 끝에 다시 부대로 복귀했고, 수개월이 지난 후 전역했다. 바로 그 병사가 어버이날을 맞이하여 쓴 편지이다.

안남기 목사님께
새 천 년 첫 어버이날을 맞이하여 하나님 아버지께 감사를 드립니다. 그리고 하나님 품으로 인도해 주신 작은아버지 목사님께 감사를 드립니다. 저는 지금 늘 감사할 제목을 주시는 하나님 아버지를 기뻐하면서 살고 있습니다. 하나님의 더없는 사랑으로 제 안에 있던 부정한 것들이 떠나갔음을 고백합니다. 모두 성령님과 목사님을 통해 주신 저와 함께하시는 하나님의 선물이었습니다.

아직은 걸림돌이 많습니다. 저의 겉모습이 전혀 변하지 않았기 때문입니다. 계속해서 미움받고 살며, 적응하지 못하는 삶을 살 수도 있습니다. 그러나 염려 없습니다. 새롭게 다시 태어난 속사람으로 인해 겉모습은 저한테 아무런 영향을 끼치지 못할 테니까요. 이 모든 것은 하나님이 저를 사랑하시며 믿음을 선물로 주셨기 때문입니다. 부족함이 많았던 저를 위해 기도해 주시고 인도해 주심에 다시 한 번 감사드립니다. (중략)

　　　　　- 2000. 5. 8 어버이날에 하나님의 아들 OOO가 드립니다.

지금은 어떠한 모습으로 지내고 있을지… 가끔 개나리가 활짝 피었을 때 활짝 웃으면서 세 명의 병사와 함께 찍은 사진을 볼 때가 있다. 분명 하나님 아버지를 진정한 아버지로 만나 강하고 멋지게 살아가고 있을 것이라 믿고 있다. 한 번쯤은 늠름한 모습을 보고 싶어진다.

7   참 좋은 엄마

성탄의 기쁨을 부대와 장병들과 함께 나누었던 의미 있던 사건이 있다. 작전상 서울 곳곳에 흩어져 있는 장병들이 단본부 교회에 함께 모여 성탄 축하 행사를 열었던 것이다. 평소 사오십 명이 모여 예배를 드리다가 이백 명 가까이 모였으니 그 반응이 어떠했을까? 그날 프로그램은 독후감 발표와 군생활 중 가장 보람 있었던 일 발표, 중대별 찬양 발표로 진행되었다. 그리고 모든 순서를 마치면서 군종목사에게 마음의 편지를 쓸 수 있는 기회를 주었다. 참석한 한 병사의 소감문이다.

차가울 줄만 알았던 군대에서의 크리스마스가 이 자리로 인해 따뜻해진 느낌입니다. 몇 사람의 이야기를 들으면서 '묵묵히 자신의 자리에서 믿음을 지키며 사는 멋있는 사람이 많구나.' 하는 것과 '나도 작은 믿음이지만 그 믿음을 지키며 꿋꿋이 살아야겠다.'는 생각을 했습니다. 목사님이 주신 책은 다 읽어보았습니다. 주님에 대한 마음은 크지만 모난 부분으로 인해 한계를 느낀 저에게 이유가 있다고 느꼈습니다. 아마도 어릴 적에 이혼한 부모님의 영향인 듯 싶습니다. 대대장님께서 군종병이 되어 정말 필요한 사람, 그리스도의 향기가 나타낼 수 있는 사람이 되라고 하셨는데 저의 모난 부분을 알지 못하고는 그렇게 하지 못할 것 같습니다.

대대장님께 인정받을 정도로 반듯하고 모범적인 군생활을 하고 있었지만 마지막 부분의 이야기는 아직 해결해야 할 마음이 있다는 것을 알 수 있었다. 마침 며칠이 지난 후 바로 그 병사에게 편지가 왔다.

지난번 크리스마스 쪽지에 이어 이렇게 편지를 올립니다. 도움을 청하고 싶어서입니다. 크리스마스 다음날 어머니에게 전화를 했습니다. 어머니께서 말씀하셨습니다. "너에게 네 인생이 있듯이 나에게 내 인생이 있단다. 재혼할 예정이니 이젠 연락하지 말아라." 크리스마스 다음날 제 마음은 너무 아팠습니다. (중략) 고등학교 2학년 때부터 교회를 다니고 대학교 2학년 때 구원의 확신을 얻었지만 제 마음은 아직도 하나님의 은혜와는 거리가 먼 것 같습니다. 아흔아홉 마리 양보다 길 잃은 한 마리 양을 찾아나서는 목자, 저녁 늦게 와서 일했는데도 하루 일당을 온전히 주는 포도원 주인 하나님의 은혜를 나타내는 이 비유들은 왜 나에게 예외라는 생각이 들까요? 오늘 야간에 위병 근무를 서면서 사랑받고 관심받고 싶은 설움, 어머니에 대한 분노가 제 마음을 아프게 했답니다. 이제 전역까지 백삼십여 일 남았는데 이 군대에 갇혀 있다는 느낌이 얼마나 싫은지 정말 답답합니다. 목사님, 도와주세요. 한시 바삐.

난 이 편지를 읽으면서 '포도원 주인의 비유와 엄마라고 하는 존재는 어떤 관계가 있을까?'를 생각해 보았다. 포도원 주인이 바로 그 병사에게는 조건 없는 사랑을 주는 엄마와 같은 대상이었을 텐데 엄마가 자기의 품을 떠났으니 정서적으로 포도원 주인이신 하나님의 자비하심을 이해하기가 쉽지 않았을 것이다. 하지만 다음의 이야기 속에 치유와 회복을 이야기할 수 있을 것 같다.

하나님 아버지께 감사합니다. 하나님 아버지를 감히 부르지도 못할 죄인인 저에게 죄인 줄 깨닫게 해주시고 저 대신 죄 값을 치르신 것을 생각할 때 어찌할 바를 모르겠습니다. 저에게 많은 아프고 외로운 기억들이 있지만 그 기억들을 용서하고 치유할 수 있는 계기를 마련해 주심을 감사합니다. 이제 시작 단계이지만 언젠가는 나와 똑같은 아픔을 가진 사람에게 위로와 사랑을 전해 주게 될 것으로 인하여 감사드립니다.

목회자요, 상담자의 역할을 하는 내가 도울 수 있는 것이 무엇이었을까? 그것은 바로 그 병사의 슬픔을 들어 주고 담아 주고 안아 주고 때로는 사랑받고 싶어 하는 투정을 견디어 주어야 하는 심리적 엄마를 경험케 하는 것이었다. 그 병사는 2박 3일의 이야기캠프를 진행하는 동안 그 집단 안에서 조건 없이 들어 주고 이해해 주는 엄마를 경험했던 것 같다. 아마도 포도원 주인의 자비하심을 조금은 이해했으리라! 지금은 그 어딘가에서 상처 입은 치유자로 멋지게 살아가고 있을 것이다.

8 처음처럼

매년 7월말이 되면 교단 후배 군종목사들의 전역과 임관을 축하하는 자리가 있다. 몇 해 전, 전후방 각지에서 바쁜 일정을 뒤로하고 선후배들을 축하하고 격려하기 위해 모인 자리에서 예배를 드리고 식사하고 헤어지는 것이 아쉬워 조금 일찍 모여 이야기를 하자고 제안을 했다.

올해에는 군목단 총무의 사정으로 내가 진행하게 되었다. 임관한 초임 군목들에게 7년간 임관을 준비하면서 군과 군사역에 대한 생각했던 것과 한 달밖에 보내지 않았지만 현장에서 경험한 군종목사의 사역에 어떤 차이가 있었는지, 그리고 사역 중에 어려웠던 경험들에 대해 2분 동안 이야기할 수 있도록 했다. 토요일부터 시작되는 일곱 번의 예배 및 GOP 순회예배, 한 달여 사이에 세 건의 자살 사고가 있어 신고하자마자 자살 예방 교육으로 투입된 이야기, 한 달 동안 생활관에서 병사들과 동숙하고 지내고 있다는 이야기, 벌써 훈련병들에게 설교를 하고 세례를 베풀었던 이야기 등 '이야기를 시키지 않았다면 얼마나 서운했을까?' 하는 생각이 들 정도로 초임 군목들의 이야기는 풍성했다.

이야기를 들으면서 역시 '우리 후배들은 다르구나.' 하는 뿌듯함과 짧은 시간이지만 조리 있고 소신 있게 이야기하는 그들의 모습 속에서 '처음처럼'이라는 말이 생각났다.

나의 첫 사역지는 강원도 포병연대였다. 주일 오전에 두 개 대대 교회와 연대 교회 예배, 저녁에 두 개 대대 교회를 순회하며 다섯 번의 예배를 드리며 사역했던 순수와 열정으로 표현할 수 있는 나의 첫사랑이었다. 그러나 옆 동료들의 GOP 사역을 보면서 '나도 한 번 해보고 싶다.'는 생각이 들었을 때, 열쇠부대 GOP 연대로 이동하게 되었다.

나의 GOP 사역을 대표할 수 있는 이야기는 '사랑의 사절단'이다. 군종병, 의무병, 오바로크병과 함께 소초를 순회하며 인성 교육도 하고, 족구도 하고, 비디오도 보여 주고, 투입 전 기도도 하고, 야간에는 소초 방문도 하면서 부대와 장병들과 함께하는 군종활동을 할 수 있었다. 물론 이러한 활동은 선교라는 확신 속에서 했던 것이다. 병사들이 있는 곳에 군종목사가 함께 있고자 하는 마음이었다. 이러한 활동들을 통해서 한 사람이라도 힘들고 지칠 때 목사인 나에게 찾아올 수 있다면 하는 숨은 사역의 의도가 있었던 것 같다.

어느 날, 한 병사에게서 꾸깃꾸깃 접혀 손 때 묻은 편지를 받았다.

안남기 목사님께!
저는 1중대 이병 OOO입니다. 제가 이 글을 쓰는 이유는 목사님의 조언이 필요해서입니다. 목사님과 상담을 하고 싶지만 소대원들의 눈치가 보여 이렇게 글로 적어 보냅니다. 어떻게 하면 목사님과 상담을 할 수 있습니까? 너무 힘들고 견딜 수 없어 이렇게 펜을 들었습니다. 소대장, 부소대장 모르게

상담을 하고 싶습니다. 너무 급박해서 글씨가 지저분하지만 이해해 주실 것
이라 믿습니다.(99.6.23)

GOP 예배 중에 투입 전부터 상담하며 격려했던 한 병사의 쪽지
내용이다.

주님 앞에 계속해서 눈물이 흐릅니다. 항상 말이 앞서는 제가 다른 말을
못 드리겠습니다. 다만 지켜봐 주십시오. 주님의 큰 군사가 되겠습니다. 주
님은 제 안에 있었습니다.(99. 5. 29)

이들에게 한 사람이 필요했던 것이다. 이때 나는 상담의 기술로 이
들을 만나지 않았던 것 같다. 그러나 한 가지, 젊은 병사들을 사랑하고
존귀하게 여겼던 그 첫 마음, 그것이 군종목사 사역의 원동력이 아니었
을까? 답답함과 슬픔을 안고 있는 병사가 자기의 마음을 숨기지 않고
말할 수 있는 한 사람을 만난다는 것은 축복이라 할 수 있다. 그리고 군
복을 입고 있는 목사도 한 사람을 만나 희망을 보여 줄 수 있다면 존재
의 의미와 사역의 보람을 느끼게 될 것이다. 지금 내 사역지에서도 처음
처럼 한 사람과의 의미 있는 만남이 이루어지기를 기대한다.

9

한숨 대신 함성으로,
냉정 대신 열정으로

　　국민을 울고 웃게 만든 감동의 올림픽으로 대한민국의 희망을 이야기하던 지난주, 현역 대위가 총기로 자살한 사건이 보도가 되었다. 수년 전 내가 근무했던 전방 총기 사고의 아픔이 있었던 사단이라는 소식에 다시 한 번 가슴이 아파온다. 우리 사회의 희망의 이야기가 자신과 관련된 문제 앞에서는 아무런 영향을 주지 못했던 것 같다. 사고 이후 예방하지 못한 시스템적인 원인들을 밝히고 거기에 따른 조치들이 이루어지겠지만 한 젊은이가 극단적 선택을 할 수밖에 없었던 자신만의 논리가 무엇이었는지 묻게 된다. 초라함, 거절당함, 외로움, 답답함, 참기 힘듦, 벗어나고 싶음, 수치심 등 여러 가지 감정적 언어가 연상이 되지만 아무리 참아야 할 이유를 찾지 못했다 할지라도 '한 번만 크게 숨을 쉬었더라면…' 하는 안타까움을 금할 수가 없다. 남겨진 사람들이 겪어야 할 고통과 슬픔이 어떠할지 예견이 된다.

　　이 젊은이는 겉으로 보기에는 장교로서의 권위, 자신감, 미소가 있었을 것이다. 그러나 이러한 결과 앞에서 내보이기 힘들었던 그의 좌절과 슬픔을 함께할 수 있는 사람들이 있었더라면 하는 아쉬움이 남는다.

오래전 나에게 도움을 구하던 한 병사의 사연이 생각이 난다.

전 아직까지도 눈물이 많은 여린 아이입니다. 이 세상이 동화 속의 이야기처럼 행복한 곳이길 바라며 그저 스쳐 지나가는 길목에 핀 꽃 한 송이까지도 사랑하려 했습니다.

태어날 때 갑작스런 소나기와 함께였습니다. 그 어린 시절에 그리움을 알아야 했습니다. 제게 가장 필요했던 것은 부모님의 사랑이었습니다. 어려운 가정형편에 돈을 벌기 위해 나가신 아버지께서 일주일에 한 번 정도 오셨습니다. 헤어짐이 싫어서 울면서 우여곡절 끝에 아버지를 뵐 수 있었습니다. 그곳에는 저의 기대와는 다른 모습이 있었습니다. 구원파인 어머니와 일반교회를 다니시는 아버지와의 갈등이었습니다. 그 속에서 부모님 서로에게서 서로를 따르지 말라는 이야기를 들으며 살았습니다. 그러한 부모님의 모습이 싫었습니다. (중략)

어머니가 가출을 하신 것이 계기가 되어 이사를 하게 되었습니다. 전 그곳에서 감당 못할 사랑을 하게 되었습니다. 어리석게도 제 모든 마음을 주어 버렸습니다. 부모님이 주지 못한 따뜻함을 준 사람을 잃어야 했을 때 깨달았습니다. 난 너무 약했다는 것을, 나 자신조차도 감당할 수 없는 그런 남자였음을 말입니다. 아무것도 남은 게 없었습니다. 끝없는 상실로 빠져들었습니다. 할 수 있는 것은 제 자신을 학대하는 것이었습니다. 그렇게 소중한 사람을 잃은 것이 저의 부족함 때문이라고 자책했던 것입니다. 그 시작이 1992년 8월 O일이었습니다.

살고 싶은 마음이 강한 만큼 죽고 싶었습니다. 처음에는 술을 마시며 하루하루를 지탱했습니다. 하지만 그것은 3개월쯤 지나 쓰러지면서 더 이상 어떠한 위로가 될 수 없었습니다. 학교생활은 엉망이었습니다. 두 번씩이

나 학교를 그만두었습니다. 아무리 애써도 제 자신에 대한 자책감에서 오는 저라는 존재의 무의미를 이겨낼 수 없었습니다. 잠든 순간마저도 조여오는 저를 사랑한 사람의 슬픈 눈빛에 절규하고 있었습니다. 눈에 보이는 것들을 부숴버리고 지울 수 없는 상처를 씻으려 빗속에서 울기도 했습니다. 정말 미쳐버렸습니다. 살고 싶은데, 살고 싶은데, 점점 더 깊은 함정 속으로 이끌어 가고 있었습니다. 그 함정이 애써 벗어나려고 발버둥치는 것보다 행복했습니다. 결국에는 제 자신을 포기했습니다. 좀더 커다란 고통에 사로잡혀 죽어가기를 원했습니다. (중략)

목사님의 인도로 주님 앞에 마음을 열어 저의 이러한 무거운 것들을 버리고 싶습니다. 주님의 역사하심으로 저의 좌절이 축복의 삶으로 바뀌기를 원합니다. 목사님, 저의 영혼이 주님께 이르도록 이끌어 주십시오. 살고 싶습니다.

지난주에도 다양하고 비밀스러운 사연을 안고 많은 사람들이 멍든 가슴, 텅 빈 가슴으로 한숨을 쉬며 교회를 찾아왔을 텐데…. 목회자로서 스스로를 향해 물어본다. 내 메시지가 한 영혼의 가슴을 울리고 마음을 위로하는 말씀이었는지, 난 이들의 가슴속 이야기를 듣고자 했는지. 시간이 지나면 지날수록 젊은이들을 향한 내 마음이 냉정(冷情)해져 가고 있음이 느껴진다.

이 시간 기도한다. 주님! 나에게 더 큰 사랑을 부어 주옵소서. 한 영혼을 향한 열정을 부어 주옵소서.

10

비전캠프란?

다음주에 비전캠프가 진행된다. 수년 전 '비전캠프의 배경과 성격'이란 제목의 소고를 작성한 바 있다. 나는 이렇게 정의를 내렸다.

"비전캠프는 다양한 상담 및 심리치료 프로그램 모델과 군 성직자로서의 특별한 모성적 돌봄의 철학과 치유적인 환경이 함께 어우러져 군대의 상황에 맞게 개발된 집단 상담 프로그램이다."(비전캠프 2007)

2004년부터 군종장교들을 중심으로 진행하고 있는 이 캠프는 그린캠프와 함께 육군의 사고 예방 프로그램으로 자리매김이 되었다. 비전캠프 시행 초기부터 수십 번 진행했고, '비전캠프'라는 과목으로 종합행정학교에서 후배들에게 교육하기도 했지만, 몇 해 동안 선임자의 입장에서 감독하면서 병사들과 둘러앉아 그들의 이야기를 들어 주지 못해 진정성 있는 비전캠프를 경험하지 못한 아쉬움이 있다.

몇 주 후에 '장병심리상담사'가 되고자 하는 이들에게 비전캠프 소개 교육을 해야 되는데 무엇을 어떻게 소개해야 할지 고민이다. 이론이 아니라 마음이 전해져야 하는데…．

비전캠프 초기에 참여했던 한 병사의 이야기 모음을 다시 읽어보았다. 바로 그 병사는 인생의 1막 이야기를 이렇게 서술하고 있다.

내가 언제부터 말수가 적어졌는지 난 알 수가 없다. 그냥 언제부터인가 말을 잘 하지 않게 되었고 대화도 줄어들었다. 그러면서 대인관계도 어려워졌고 사람을 사귀는 법도 잊어버렸다. 누구에게 먼저 다가가 말을 거는 법도 없었고, 먼저 말을 건네와도 들은 척 만 척했다. 자연스레 사람들과 거리가 멀어지게 되었고, 나는 그럴수록 내가 만든 울타리 속으로 몸을 숨기고 다른 사람이 들어오지 못하도록 늘 경계했다. 한동안 그것이 편했다.

그러나 그 행복은 잠시뿐, 나 혼자만의 세상에서 살아온 나는 누군가 그립고, 누군가의 도움을 절실히 원하고 있었다. 하지만 내가 만든 울타리로 인해 나는 그 안에 갇혔고 사람들은 그 울타리 안에 누가 갇혀 있는지 알지 못했다. 아니, 관심도 없을 것이다. (후략)

이 병사는 자신의 1막 인생 이야기를 '울타리 안에서의 삶'이라 하였는데 캠프를 마치면서 자신의 인생 2막은 '행운아'로서의 삶으로 살고 싶다는 강력한 희망을 이야기했다. 뿐만 아니라 그림으로 그린 현재의 자화상은 우울하고 얼굴에 선을 그어놓은 어두운 표정의 가면이었는데 미래의 자화상은 환하게 웃을 수도 있고 울 수도 있는 얼굴로 바꾸고 싶다고 이야기를 했다.

다음의 이야기를 통해 3박 4일의 진정성 있는 비전캠프가 한 젊은 이의 인생에 의미 있는 사건이 되었음을 확인할 수 있을 것이다.

중요한 것은 이번 만남을 통해 돈으로도 살 수 없는 교훈과 철학 그리고 좋은 사람들을 만났다는 것이다. 누구보다 어려운 상황 속에서 그 어려움을 딛고 꿋꿋하게 밝게 살아가는 모습을 보며 나도 모르게 고개가 숙여졌다. 나 혼자만 힘들고 괴롭다고 느껴온 나에게 그 누구나 자기만의 어려움과 고통이 있고 그것을 어떻게 생각하느냐에 따라 자신의 인생이 바뀔 수 있다는 것을 깨달았다. (중략) 어쨌든 이번 캠프를 통하여 그동안 잊고 있었던 너무나 당연한 이치와 사실들을 깨달았다. 이 유익했던 시간을 통해 군대라는 작은 사회에 두려움을 갖고 있던 내가 자신감과 희망을 가질 수 있었다. 특히 이 프로그램을 주관하셨던 목사님께 그동안 가족처럼 따뜻하게 대해 주시고 편안하게 이끌어 주셔서 감사하단 말씀을 드리고 싶다.

　아직 아쉬움과 미련이 남지만 좋은 시간을 함께했다는 것에 만족하며 다시 나의 군생활로 돌아가야겠다. 하지만 이번에 돌아갈 때는 예전의 내 모습이 아닌 좀더 활기차고 자신감 넘치는 내가 되어 앞으로 남은 군생활을 활기차고 보람 있게 보낼 수 있도록 해야겠다.

　사실, 바로 그 병사가 부대에 복귀하고 전역을 한 후에 어떻게 생활했는지는 잘 모른다. 하지만 하나님께서 좋은 사람들을 만나게 해주시고, 더 좋은 생각을 주셨을 것이라 믿는다.

　상담자인 나는 비전캠프 기간 동안 병사들이 이야기를 시작했을 때 그들의 이야기 흐름에 방해가 되지 않도록 노력했던 것 같다. 몇 주 후에 있을 비전캠프 소개 교육에 듣고자 하는 마음이 무엇보다 중요하고 필요하다는 것을 이야기하면 될 것 같다.

11

위험한 동거

GOP가 있는 전방 부대는 일정 기간 동안 경계 작전을 마칠 무렵 철수와 투입이라는 교체 시기가 있다. 후방에 있는 예비 부대는 GOP 투입 전 교육이라는 준비기간이 있다. 연대 군종목사는 투입을 준비하고 있는 부대와 협조하여 다양한 군종활동을 할 수 있다. 전병력을 대상으로 한 생명 존중 교육, 야간시간을 이용하여 3일 동안 종파별 완전 작전을 위한 기도회(군대에서는 특별 종교 행사라 한다.), 소초 군종병 교육, 투입 전 마지막 예배 시 군종병 헌신예배, 그리고 상담활동을 실시하기도 했다. 아마도 군종목사 사역 중 가장 모범적(?)인 시간이었던 것 같다.

투입 전 인성 교육 시간에 병사들의 감정을 체크하는 검사를 시행했는데, 유난히 우울의 감정이 높게 측정되었던 몇 명의 병사들과 교육 후에 이야기를 나눌 수 있었다. 그 중의 한 병사는 다음과 같이 자신의 격한 감정을 토해 냈다.

목사님, 저는 군대생활이 정말로 적응이 안 되고 미칠 것 같습니다. 제가 기독교 신자가 아니었다면 이 세상에 없었을 것입니다. 그나마 기독교 신자이기 때문에 이렇게 버티고 있습니다. 솔직히 저는 군대에 오고 싶어서 온 것이 아니라 끌려왔습니다. 어쩔 수 없었습니다. 저의 어머니께서 자살을 하면 지옥에 간다는 말을 하셨기 때문에 저는 그 말을 믿고 있습니다. (중략)

저의 아버지는 군인이셨습니다. 그런데 이런 군대에서 돌아가셨습니다. 그래서 저는 더 군대가 증오스러웠고 아버지를 돌아가시게 했다고 믿고 있기 때문에 절대로 군에 오지 않으려 했는데 이렇게 군에 와보니 더욱더 증오스럽습니다. 저희 가족은 고생이란 고생은 다 했습니다.

목사님, 제가 계속 군에 있는다면 언젠가는 군인인 제 모습을 지워버리고 말 것입니다. 목사님, 이러기는 싫습니다. 저에게는 홀어머니가 계십니다. 그러나 지금의 심정은 모든 것이 포기 상태입니다. 목사님, 제발 저를 사람이 보이지 않는 곳으로 옮겨 줄 수 없습니까?

목사님, 제발 저를 버리지 마시고 해결해 주십시오. 목사님, 더 이상 견딜 힘이 없습니다. 부탁드립니다. 제발, 제발….

병사의 마음이 담긴 편지를 받고 부대장에게 긴급하게 보고를 한 후 군에서 할 수 있는 위기 조치들을 취했는데, 그 중 하나가 연대 군종실에서 군종병을 도와 군종업무를 보조하는 역할이었다. 그리고 매일매일 자신의 마음을 글로 표현할 수 있도록 했다. 다음은 그 병사가 마지막 자대 복귀 전에 기록한 편지의 내용이다.

저는 1대대 잔류병이 아닙니다. 3대대에서 복무 부적응으로 전출 대기를 하고 있습니다. 여기 있는 두 달 동안 정말로 많은 것을 느꼈습니다. 내가 왜 여기서 한심하게 이러고 있을까? 다 마음먹기에 달린 것 같습니다. 처음에는 '어떻게 남은 군생활을 할까? 내가 과연 전역을 할 수 있을까?'라고 생각했습니다.

그런데 지금은 아닙니다. '남들 다 하는데 나라고 왜 못할까? 할 수 있다. 하면 된다.'고 생각됩니다. 저는 정말 열심히 할 것입니다. 저는 꼭 하고야 말 것입니다. 열심히 군생활해서 포상휴가도 나가고 부대에서 꼭 필요한 군인이 될 것입니다. 복무 부적응으로 교회에 오는 일은 절대 없을 것입니다. 저에게 새로운 기회를 주셔서 감사합니다.

목사님, 감사합니다. 군대에 심 군종 같은 따뜻한 사람이 있는지 몰랐습니다. 심 군종은 저에게 정말 잘해 주셨습니다. 두 달 동안 있으면서 마음적으로나 육체적으로나 위로를 많이 해주었습니다. (중략) 다음달에는 멋진 군인이 되어 꼭 찾아오겠습니다. 샬롬!

그 병사와 함께 지내던 어느 날, 드라이브를 하면서 깊이 있는 이야기를 나눈 기억이 난다. 그날 자장면도 먹고, 목욕도 함께한 것 같다. 시간이 지나 대대 교회에서 예배 드리는 모습이 어렴풋이 떠오른다. 무사히 전역했겠지!

난 얼마 후 그 부대와 교회를 옮기게 되었고, 다음 부대에서는 세 명의 병사들과 한 달 정도 위험한 동거를 하기도 했다. 지금 나에게 이러한 요구가 있다면 과연 할 수 있을까?

12 장미꽃 선물

전역을 앞두고 답답한 마음을 담은 한 병사의 쪽지이다('참 좋은 엄마에 나온 그 병사의 이야기이다.).

고등학교 2학년 때부터 교회를 다니고 대학교 2학년 때 구원의 확신을 얻었지만 제 마음은 아직도 하나님의 은혜와는 거리가 먼 것 같습니다. 아흔아홉 마리 양보다 길 잃은 한 마리 양을 찾아 나서는 목자, 저녁 늦게 와서 일했는데도 하루 일당을 온전히 주는 포도원 주인 하나님의 은혜를 나타내는 이 비유들은 왜 나에게 예외라는 생각이 들까요? 오늘 야간에 위병 근무를 서면서 사랑받고 관심받고 싶은 설움, 어머니에 대한 분노가 절 마음 아프게 했답니다. 제가 지금 하고 싶은 것은 근무를 서면서 후임에게 들킬까봐 구석에서 훌쩍거리는 게 아니라 누군가 제 얘길 들어 줄 사람 앞에서 목청껏 우는 것입니다. 전역까지 백삼십여 일 남았는데 이 군대에 갇혀 있다는 느낌이 얼마나 싫은지, 정말 답답합니다. 목사님, 도와주세요. 한시바삐.

이 편지를 읽으면서 하나님의 은혜에서 제외된 것 같은 두려움, 마음 깊은 곳에서부터 사랑받고 싶은 간절한 소원, 현실의 상황에서 아무

것도 할 수 없다고 하는 답답함이 느껴진다. 그리고 한 번쯤은 자신의 마음을 터놓고 싶어 하는 소망이 담겨져 있었다.

이와 비슷한 사연을 가진 병사들과 함께 2박 3일 동안 편안하게 이야기할 수 있는 시간을 가질 수 있었다. 흩어져 있는 부대에 『눈물 흘리는 아버지들』이라는 책을 위문 선물로 보내고 자발적으로 편지를 보낸 7-8명의 병사들과 이야기를 나누던 프로그램이었다. 바로 그 병사는 전역을 앞둔 병장이었음에도 주로 일, 이등병들이 참여한 그룹에서 자신의 이야기를 진솔하게 할 수 있었다.

한 병사는 프로그램에 참여하고 다음과 같은 아름다운 이야기를 남겼다.

어릴 적 부모님의 이혼으로 인해 보살핌을 받지 못하던 상황 속에서 난 내성적이고 소극적이면서 냉소적이고 이기적으로 커왔던 것 같다. 난 한때 내가 그런 아이일 거라고 생각조차 못했다. 그런데 교회에 다니고 예수님에 대해서 알면서부터 나 자신에게 문제가 있는 것 같은데 그 문제가 뭘까 하는 고민을 시작하게 되었다. 그 고민을 하게 된 것은 최근의 일이다. 병장이 되고 전역을 할 때가 다가오니 나의 첫 사회생활인 군대에서의 삶을 뒤돌아보았을 때 난 예수 그리스도의 삶과 인격을 알고 있으면서도 왜 그렇게 행하지 못할까 하는 생각이 들었다. 그래서 예전의 삶을 돌이켜보니 부모님이 이혼하는 상황에서 나 자신을 스스로가 지키기 위해 이기적으로 발버둥치는 모습이 떠오르며 비참해지는 기분을 느꼈다.

그런데 아버지학교에 참석하면서 여러 사람의 이야기를 듣고 목사님의 조언도 듣고 무엇보다 나 자신의 이야기를 하면서 나는 아픈 상처를 가지고 있지만 예수님이 날 인도하셨구나 하는 생각을 한다. 그리고 난 존재함으로 사랑받을 만한 사람이란 것도 느꼈다.

나 자신에게 장미꽃을 선물할 예정이다. 세상에서 처음 받는 꽃을 나 자신에게 받을 줄 몰랐지만 말이다. 예전에 그렇게 원망했던 아버지를 용서할 참이다. 용서하지 않고는 못 견딜 것 같다. 오히려 불효자를 용서해 달라고 용서를 구하고 싶다. 용기가 생긴다면 사랑한다고 말하고 싶다.

이 병사는 집단 안에서 자신을 조건 없이 받아 주시고 이해해 주시고 자신의 아픔을 들어 주시는 하나님 아버지의 마음을 동료들의 반응을 통해서 이해한 것 같다. 이들은 서로가 서로에게 '사랑의 얼굴'이 되어 주었다. 그리고 그 하나됨과 편안함의 경험 속에서 예수 그리스도를 인격적으로 만날 수 있는 은혜의 시간이 되었던 것이다. 막연한 하나님의 사랑이 '지금—여기'에서 느껴지는 친밀한 하나님으로 경험되어진 것이다. 그 사랑이 자신을 사랑하게 하고 힘들게 했던 모든 환경까지 새롭게 바라볼 수 있었다고 고백하였다. 이러한 이야기 과정을 통해서 용서의 과정에 들어선 것이다. 군대에서 용서를 배운 것이다. 아마도 지금도 용서의 삶을 조금씩 실천하며 살아가고 있을 것이다. 그리고 멋진 아버지가 되어 있을 것이다.

힐링

밀리터리
Healing military

두 번째 이야기

회 복

따뜻하고 마음에 귀 기울여 주는
한 사람을 만나는 것은
그들에게 아주 특별한 은총이라 말할 것 같다.

1 내 군생활의 목표는
증보 백 개를 모으는 것입니다

 위병소는 부대의 외적 군기요, 얼굴이라 할 수 있다. 위병소 안팎으로 공기가 다르다고 말할 정도로 군인들의 심리적 울타리는 매우 높고 두꺼운 것 같다.

부대장에게 신고를 한 후에 교회에 짐이 있어 부대를 출입할 때 느껴지는 감정이 참 미묘했다. 어제까지만 해도 내 집이었는데…. 군종목사는 활동 영역에 있어서 조금은 자유로운(?) 부분이 있는데, 교회가 영내에 있을 때와 영외에 있을 때의 기분이 다르게 느껴지는 것은 사실이다. 초임 연대 교회가 영외에 있었던 이후 열 번째 부대인 북한산부대는 교회가 영외에 있다. 야호!

며칠 동안 위병소에서 근무하는 초병들의 낯선 시선을 참아내며 관등성명을 대고 인사를 하면서 출입을 했다. 편지 모음 파일을 넘기면서 전방에서 첫 번째 사단 참모를 할 때 위병소에서 근무했던 한 병사의 편지가 눈에 들어왔다. 핑크빛 봉투, 주황색 편지지에 적힌 위병소를 지키는 이등병의 진솔한 이야기를 담고자 한다.

목사님께!

안녕하십니까? 사단 사령부 정문을 지키고 있는 경비소대 이병 전OO입니다. 먼저 엽서 보내 주신 것 너무 감사합니다. 어제 근무 때문에 교회를 못 가서 조금 불안했는데 목사님께서 보내 주신 엽서로 마음이 편안해졌습니다. '나를 위해 기도해 주는 사람이 있구나.' 하는 생각에 너무 행복했습니다. 처음 군대에 와서 신교대 교회에 처음 들어오는 순간, 왜 이리 가슴이 벅차오르던지요. 뜨거운 눈물이 흘러내렸습니다. 처음 와본 군대, 모든 것이 어색하기만 하고 두려움에 떨고 있었는데 교회로 들어서는 순간 느꼈던 그 따뜻함… 마치 어머니 품속에 들어가는 것 같았습니다. 힘든 훈련 가운데 일요일만 생각하고 기도하며 참았습니다. 든든한 빽이 생긴 것 같아 뭐든지 열심히 하게 되었습니다. 그래서 퇴소할 때는 신교대 3등으로 포상휴가도 받았습니다.

목사님! 훈련소 때 들었던 목사님 말씀이 아직도 생각이 납니다. (중략) 신교대 퇴소 후에 목사님을 못 만나면 어쩌나 걱정했는데, 이렇게 사단 사령부로 뽑혀 와서 만나게 되어 너무 기뻤습니다. 매일 기도한 보람이었습니다. 그리고 제 군생활의 목표가 생겼습니다. 바로 교회 주보를 모으는 것입니다. 경비소대라 근무가 있는 날은 가기 힘들겠지만 근무가 없는 날은 빠짐없이 나갈 것입니다. 약 백 개의 주보를 모으면 되는데 현재까지 다섯 개의 주보를 모았습니다. 두 번 정도 못 가서…. 그리고 주보에 연재되는 목사님께서 보내시는 "사랑의 편지" 매주 잘보고 있습니다. 특히 어버이날 어느 병사가 쓴 글을 읽고 부모님의 소중함을 다시 한 번 깨닫게 되었습니다. 저에게 너무 좋은 가르침, 사랑을 주보 한 장에서 찾아냅니다.

또 근무 나갈 시간입니다. 조각 시간에 이렇게 씁니다. 그래서 글씨도 엉망이고 내용도 엉망입니다. 죄송합니다. 항상 좋은 말씀 들려 주셔서 감사하고, 위병소를 지나가시면서 웃으시며 수고하라고 하신 말씀, 정말 감사합니다. 항상 건강하시고 목사님을 위해 기도하겠습니다. (2005. 6. 6)

시간이 지나면서 위병소 출입이 편안해질 것이라 확신한다. 부담감과 어찌할 수 없음, 책임감이라는 단어보다 설렘과 기대감이라는 단어가 북한산부대 군종활동과 목회사역의 키워드가 되었으면 좋겠다.

오늘, 부대 전입 후 공식 군종활동이라 할 수 있는 전입신병 마흔한 명을 만났다. 생활관에 촘촘히 앉아 있는 신병들을 가까이에서 눈을 마주치며 함께 이야기를 나누는 동안 또 다른 아름다운 이야기를 써나갈 생각에 왠지 가슴 뛰는 날을 보낼 수 있었던 것 같았다.

다시 꺼내 본 이 한 장의 편지는 기쁨과 존재감을 느끼기에 충분히 가치 있는 선물이 되었고, 생기 있는 하루를 보내게 한 풍부한 경험이 되었다. 교회 주보를 모으는 것이 군생활의 목표라고 말하는 병사가 있었으니! 소중한 기억을 간직하기 위해 한 장의 글을 쓰고 있는 이 시간, 참 행복감이 몰려온다.

2 6개월 담임목사

6개월, 부목사이면서 담임목사의 역할을 했던 이색적인 목회 경험의 시간이 있었다. 그 부대의 전임 군종목사가 국내 위탁 교육으로 선발된 후, 군종목사의 부재로 인하여 지휘관의 요청으로 갑작스럽게 승전 교회를 섬기게 된 것이다. 짧지만 어느 목회지보다 참 좋았던, 이야기로 담아 두고 싶은 소중한 시간들이었다.

승전 교회에서는 민간 교회에서는 시도할 수 없는 과감한 시도들을 했다. 왜? 담임목사이니까!

우선, 첫 예배를 드린 후 그 다음주부터 설교하는 강단을 앞으로 배치했다. 장병들의 눈과 마음의 움직임들을 가까이에서 보고 싶은 마음에 설교 강단을 임시로 앞으로 옮긴 것이다. 청년들이 모인 현장에서는 의식보다는 가까이에서 함께 있고 싶어 하는 마음을 주님도 충분히 이해하시리라 믿는다. 그리고 매주일 부대에 전입하고 처음 예배에 참석하는 신병들을 환영하는 시간에 축복의 노래를 부르면서 안아 주고, 예배 후에 만나서 낯선 감정들의 이야기를 들어 주었다. 그리고 식사 후에 십여 명의 군종병들과 감정을 나누는 케어(CARE) 그룹을 진행했고, 주일 저녁예배는 장병들의 간증과 요즈음 느끼는 마음들에 대해서 5분 정도 이야기를 할 수 있는 기회를 주면서 '이야기가 있는 열린예배'로 진행했다. 수요예배는 예수님께서 한 사람 한 사람을 어떻게 만나셨는지에 대해서 돌봄적 관점을 가지고 설교했다. 그리고 수요예배 후에 간부 가족들의 집을 잠시 방문하여 기도하고 축복해 주었다. 팔당대교를 건너가며 삼십여 분 걸리는 거리지만 아내와 지휘관과 군종병과 새벽에 기도회를 인도한 것 등은 짧지만 목회자로서의 정체성과 사명을 확인하는 데 아주 중요한 밑거름이 될 수 있었다.

마지막 예배를 드리고 짧은 만남이 가져다 준 아쉬움과 그리움의 뒤안길에서 형제들이 적어 준 쪽지 편지들은 영혼을 돌보는 목사로서 받을 수 있는 최고의 이별 선물이었다.

목사님, 샬롬! 저는 OO입니다. 목사님께서 승전 교회에 있었던 시간들, 잊을 수 없을 것입니다. 여유롭고 인자하신 목사님의 표정에서 저는 주님을 보았고 안식을 찾았습니다. 언제나 우리들을 바른 길로 인도하시는 선한 목자이신 목사님이 있었기에 반 년 동안 정말 즐겁고 유익한 시간이 되었습니다.
이제 만남을 뒤로해야 할 시간이 되었네요. 언제나 마음 한구석에 간직하고 기도할 수 있는 제가 되겠습니다.

사모님, OO입니다. 이번엔 제가 먼저 가게 되었지만 정말 사모님을 잊지 못할 것입니다. 사모님의 환한 미소와 친근함은 청년인 제 마음을 설레게 했고, 한때는 '아! 사모님같이 현숙한 배우자를 만나고 싶다!'는 생각도 했습니다. 특히 주일 저녁을 못 먹는 저희를 위해 맛있는 음식을 해주신 그 정성과 센스는 최고였습니다. 정말 큰 축복받으시리라 확신합니다.

끝으로 지금의 목사님이 계시기까지 사모님의 역할이 너무 중요하셨는데 그 영향이 저희에게 미친 것 같습니다. 저희뿐만 아니라 다른 사람에게도 선한 영향력의 근원이 되시기를 기도하겠습니다. 사랑하고 축복합니다.

참으로 부끄럽다. 이러한 피드백들을 받을 만한 큰일을 한 것도 아닌데 형제들과 교우들이 나와 아내를 통해서 주님을 느낄 수 있었다는 것, 내가 저 형제들의 마음속에 자리잡는 존재로 기억될 수 있다는 것은 6개월 동안의 목회를 통해서 얻은 풍성한 주님의 은혜라 믿는다. 먼 훗날, 저들이 나보다 더 주님을 닮고 성숙해져 있는 모습을 보면서 6개월 동안 주님께서 함께하셨던 아름다운 이야기를 다시 풀어놓을 생각을 하니 가슴이 뿌듯해진다.

3   믿음의 어머니들

육군 중 서울 하늘을 지키는 부대가 있다. 서울의 핵심 지역을 중심으로 주변에 산재되어 24시간 철통 같은 방어 태세를 갖추고 있는 핵심 전력 부대라 할 수 있다.

오전에 단본부에서 예배를 드리고, 오후에는 이 지역을 순회하며 예배를 드리곤 했다. 음향시설이라고는 군종병의 기타 반주가 유일했던 것으로 기억된다. 지금의 나에게 다시 십여 년 전처럼 그렇게 예배를 인도할 수 있느냐 묻는다면 솔직히 부담스러워 피하고 싶다. 어느덧 좋은 음향시설에 길들여진 내가 마이크도 없는 곳에서 설교를 잘할 자신이 없다.

그러나 당시 열정적으로 예배를 인도할 수 있었던 이유 중 하나는 아주 오랫동안 그 작은 교회를 섬겨 주셨던 영락 교회 권사님들의 사랑과 기도와 헌신의 힘이었던 것 같다. 장병들에게 전하는 메시지였지만 뒷자리에서 젊은 목사의 설교를 듣고 "아멘, 아멘!" 화답하며 격려해 주셨던 그 사랑의 눈빛을 잊을 수 없다. 뿐만 아니라 한주도 빠지지 않고 젊은 병사들을 위해 예배 후 간식들을 함께 준비하셨던 그 열심은 장병들에게는 피부로 와닿은 사랑의 손길이었다. 지금도 부족한 나를 위해 영락 교회 권사님들이 기도하고 있다는 소식을 듣노라면 나는 참 행복한 목사임을 새삼 깨닫게 된다.

당시 성실하게 예배에 참여했던 병사가 있었다. 난 이 병사와 예배 시간에 만나는 것 이외에 개인적으로 깊은 대화를 나눌 기회가 없었다. 전역 후의 진로에 대해서 짧은 이야기를 나누고 함께 기도했던 것으로 기억된다.

전역 후 어느 날 메일로 전해 준 그의 소식이다.

샬롬! 목사님!

제법 겨울 바람이 강하게 불어옵니다. 올 겨울은 덜 추우려나 했는데 아니라 다를까 추워집니다. 그간 평안하셨는지요? 목사님, 너무나도 감사하고 기쁜 소식이 생겼기에 나누고자 합니다. 다름이 아니라 제가 이번에 침례신학대학교 신학과에 합격하게 되었습니다. 말씀드렸듯이 수시모집에 응시했는데 하나님께서 기회를 주셨습니다. 지난 11월 23일 학교에 찾아가서 지원서류를 접수하고 캠퍼스를 바라보며 하나님께 약속을 했습니다.

"하나님, 내가 이곳에서 배우고 훈련하는 데 4년을 온전히 드리기를 원합니다. 길을 열어 주옵소서."

너무나 감사합니다. 사실 인간적인 눈으로 바라볼 때 어느모로 보나 쉽지 않은 상황이었기에 더욱더 하나님의 은혜로 가게 되는 것임을 확인하고 감사드립니다. 쉽지 않은 형편에 일 년이라는 시간을 물질적으로나 여러 가지로 아낄 수 있는 것이 얼마나 감사한지요. 전도자로서 살아가기를 소원하는 마음을 받아 주시고 유익한 기회를 주신 하나님께 너무나 감사드립니다.

면접 때 교수님이 군에서의 신앙생활을 묻더군요. 너무나 좋은 여건 속에서 생활했던지라 있는 그대로 나누었습니다. 다시금 목사님께서 전하신 메시지들을 기억하게 되었지요. 지금도 생각하면 항상 '샬롬' 하며 방긋 웃으시는 목사님의 모습이 선명히 떠오릅니다.

섬기시는 교회와 여러 믿음의 가족들에게 문안드립니다. 영과 육이 잘되고 강건하시기를 간절히 기도드립니다. 목사님, 주의 이름으로 축복합니다.

전역한 병사를 통해서 받은 살아 있고 진정성 있는 축복의 메시지에 그저 감사할 뿐이다. 이 병사는 수년이 지난 후 신학대학교를 졸업했고, 현재 대전에 있는 군교회에서 사역하고 있다는 것을 페이스북을 통해 알게 되었다. 아주 바쁘게 사역을 하고 있는 것을 손 안에 있는 문명의 산실인 SNS를 통해서 엿보면서 흐뭇한 미소를 짓곤 한다. 아마도 영락 교회 권사님들은 이렇게 제대한 병사들이 전해 주는 소식을 듣는 것이 가장 큰 기쁨일 것이다. 당시 함께 예배를 도왔던 영락 교회 권사님들에게 연락을 드려야겠다.

4   눈물과 사랑이 있는 군대

군에 대한 선입견으로 훈련소 시절을 혹독하게 경험한 병사가 있었다.

다음은 전역을 몇 개월 앞두고 주일 저녁, 훈련병들과 함께하는 열린예배를 드리는 시간에 고백한 내용의 일부이다. 마지막 수료를 앞둔 중대 훈련병들의 자발적인 기도, 서너 팀의 특송, 여러 명의 간증이 어우러진 생동감 넘치는 예배시간이었다.

군화끈으로 군에서 자살을 시도한 친구가 있었다. 전역 후에도 군이라는 끈에서 헤어나오지 못했다. 그가 열정적으로 달변을 토해 내는 짧은 순간에는 늘 군이라는 양념이 버무려져 있었다. 막연한 증오와 조롱을 거침없이 쏟아내는 그를 보며 문득 서글픈 마음이 들었다. 전역 후 사회라는 새로운 틀 속에서의 그의 방황을 줄곧 보아왔기 때문이다. 마침 군 문제로 고민하던 나의 서슴없는 결정, 온라인으로 신청한 지 일주일만에 입대를 했다. 스물여섯이라는 늦은 나이, 그리고 불확실한 미래에 대한 걱정으로 초조하기도 했다. 하지만 무엇보다 감히 내 친구의 삶을 무너뜨린 그곳이 무척 궁금했다.

사회에서 수많은 이야기를 이리저리 주워들은지라 편안히 대기하는

102보충대에서도 뛰는 심장이 멈추지 않았다. 어떠한 가혹행위가 있다 하더라도 잘 인내할 수 있을까? 그래야만 했다. 참아내야만 하는 이유가 적어도 나에게는 가슴 선명하게 그리고 시퍼렇게 새겨져 있었다.

마음의 창에 '적의'라는 새카만 먼지가 가득 앉아서일까? 신병교육대 훈련병 신분인 생활 속에서 빼곡히 메워지기 시작한 일기장, 조교들 사이에서 심하다 싶은 장난이 선후임병 간에 이루어지는 것을 눈앞에서 똑똑히 목격했다. 그리고 머릿속에 저장된 사소한 일상사들을 여과없이 흥분된 필체로 적어가기 시작했다.

우연찮게 훈련병 중대장님께서 소소한 일상을 적은 적나라한(?) 내용의 책을 가져가셨고 나는 적잖이 당황했다. 어느새 수양록은 간부님들과 조교들에게 낱낱이 공개되었고, 정신없이 불려가 그 내용에 대해 혹독하게 훈육을 받아야만 했다. 여러 간부님들에게 끌려다니며 공포 속에 질려 있던 나날들, 사건 이후 확연히 달라진 조교들의 살기어린 눈빛과 시선을 한 몸에 받으며 밥 한 숟갈도 제대로 넘길 수 없었다. 훈련소 반찬 하나에 아귀처럼 굶주려 게걸스럽게 먹어대던 나였건만 그순간만큼은 부스러기 하나 제대로 넘기지 못할 정도로 정신적으로 힘겨웠던 탓이다. "녀석, 설마 신고하겠어?"라고 하며 서로 깔깔대며 기본권상담실 안에서 울리는 소리는 내 가슴을 파고들었다.

스스로에 대한 책망과 질타로 그렇게 하루하루를 간신히 끌어가고 있을 무렵, 숨막히는 고통 속에서 진한 통증을 느끼며 한 줄기 생각이 떠올랐다.

'얼마나 힘들었을까? 그래, 녀석은 이런 아픔을, 아니, 이보다 더한 고통을 이 년간 겪었다는 것이었구나.'

그는 나에게 소리치며 당시 절규했던 것이었다. 아픔을 이해해 달라고 또 다른 비명을 내지르고 있었던 그를 나는 철저히 묵살한 것이다.

비웃는 소리가 귓전에서 잉잉대는 혼탁한 망상에서 헤어나오지 못하던 그때, 목사님께 상담을 받을 이들은 요청을 하라는 이야기가 들렸다. 희망이었다. '도대체 무얼 하려나?'라는 두려움과 기대로 반신반의하던 나는 적잖이 실망했다. 단순한 이야기를 서로 나누며 경청하는 시간이었기 때문이다. 서먹서먹하고 어색한 시간이었지만 누가 먼저랄 것 없이 서로가 서로에게 마음을 열기 시작했다. 서로의 아픔과 고통을 나누며 경청하는 동안 흘리던 그들의 진솔한 눈물과 내 마음에 일었던 가슴팍에서 치솟아오르던 뜨거운 열기를 지금도 잊을 수 없다. 그 이야기꽃 속에서 아스라이 피어난 향은 목사님의 진심어린 경청과 따스한 관심이 있었기에 존재할 수 있었던 일상의 작은 기억이었다. 마침내 아픔과 사연을 가진 이들과 함께 새 힘을 얻었고 다시 일어설 수 있었다. (중략)

이 병사는 엄격하고 냉정한 훈련의 현장으로 오인받기 쉬운 군대가 이 시대 젊은이들의 눈물과 사랑 그리고 회복이 함께하는 인간미 넘치는 현장임을 일깨워 주셨음에 감사했다. 그리고 하나님께 영광과 감사를 돌리고 전역했다. 참 똑똑한 병사였다.

5 마음과 마음으로

전방에서 군종참모 재직 시 중대급 이상 군종병들을 대상으로 동두천에 있는 밀알기도원에서 '마음 알기, 자기 알기, 하나님 알기'라는 주제로 병영 카운슬러 집체 교육을 실시한 적이 있다. 주요 내용은 자기 이야기 나눔이었다. 서너 가지 질문을 주고 둘이서 이야기를 나눈 후에 상대방의 이야기를 내 이야기처럼 소개하는 '마음과 마음으로 프로그램'을 통해서 서로 공감하고 경청하고자 했다. 그리고 나와 함께 진솔한 마음을 나눌 수 있었던 주변의 사람들을 초청해서 그들의 이야기를 들을 수 있었다.

군에서 치유를 경험한 예비역 병사, GOP에서 나와 가까이에서 함께했던 예비역 군종병, 후회 없이 열정적으로 군사역을 감당한 예비역 군종목사, 정신과 군의관으로 전역한 의사선생님, CBS에서 가스펠 프로그램을 진행하고 있는 자매의 삶속에서 함께하셨던 임마누엘 하나님 이야기, 그리고 셋째날 저녁에 성찬식을 진행하며 자신의 죄와 연약함을 서로에게 고백하며 주님의 마음으로 서로를 안아 주고 축복하며 몸으로 이야기했던 시간들, 마지막 날 자발적인 군종병들의 치유와 고백의 이야기 등 3박 4일이 지루하게 느껴지지 않았던 의미 있는 시간으로 기억하고 있다. 한 군종병의 참석 전 마음의 이야기이다.

내 마음은 굉장히 혼란스러웠습니다. 군생활에 회의를 느끼고 있었습니다. 병영 카운슬러로서의 역할도 예전에 믿었던 후임병들의 배신 또는 속이는 태도에 충격을 받아 포기해 버린 상태, 사실 여기에 온다는 것이 부끄러웠습니다. 후임병들에게 착하게 보여서 그런지 나를 무시하는 것 같다는 생각과 겉으로는 웃고 활발하게 생활하지만 외로움을 느끼고 있는 나, 그래서 마음을 내어 놓은 채 아무것도 하지 못하고 있었던 나, 군종병의 사명을 망각한 채….

집회가 끝난 후에 그 군종병은 다음과 같은 이야기를 했다.

예수님의 십자가를 생각나게 하셨고 내 안에 말하기 힘들고 감추어졌던 기억들을 생각나게 하셨고 어루만져 주셨습니다. 나 개인을 넘어서 주변을 돌볼 수 있는 마음을 갖게 해주셨습니다. 하나님께서 이 집회를 통해서 병사들의 닫힌 마음, 상처 입은 마음들을 치유하시는 것을 보았습니다. '상처 입은 치유자'라는 말이 있듯이 이곳에서 마음의 치유를 얻은 이들이 다시 힘든 상황 가운데 있는 이들에게 다가가 위로할 것이라 생각합니다. 저 또한 위로자로 살겠습니다.

그리고 "아름다운 세상을 위하여"라는 영화를 보고난 후에 내가 안아 주고 도움을 줄 수 있는 사람 세 명을 기록하도록 했다. 그 병사는 이렇게 적었다.

1) 나의 어머니 : 남편(아버지)과의 이른 사별과 경제적인 압박으로 인해 많이 힘들어하셨다. 하나님을 알지 못하는 분이시다. 나를 무척 사랑하며 신뢰한다. 어머니께서 주신 상처는 없는데 내 속에 어머니를 향한 많은 그리움이 있었다는 것을 깨달았다. 하나님의 마음으로 품어 주고 싶다.

2) 나의 선임병 : 정말 내가 싫어하는 선임병. 항상 어떻게든 나를 골탕 먹이려고 안간힘을 쓴다. 그런 나의 선임병에게 도움을 주고 싶다. 어떤 도움이 되든지…. 지금보다 나은 길로 인도해 주고 싶다.

3) 우리 중대 고문관 : 어릴 적 교통사고로 장애를 갖고 있는 아이. 음흉한 미소가 싫고 이성보다는 본능과 욕구에 치중해 행동하는 그 아이가 짜증나고 싫지만 이제는 색안경을 벗고 그를 대해 볼까 한다.

며칠간의 프로그램으로 사람의 마음이 쉽게 변하리라 생각하지 않는다. 단지 주변의 사람들을 주님의 눈으로 새롭게 바라보고 싶다는 한 바로 그 군종병을 응원하고 싶다.

그러나 자신과 세상과 주변의 사람들을 새롭게 바라보는 관점에 작은 변화가 일어났다면 그것은 아주 특별한 은총의 사건이라 할 수 있다. 난 오늘도 특별한 시간을 살아가고 있음에 감사할 뿐이다.

6　저도 사랑합니다

"Y대 경제학과 재학 중, 불교 군종병으로 선발되어 복무 중 자해 시도 그리고 취사병, 경비 중대원으로 위병소 근무, 그린캠프 행정병, 제대 전 교회 출석."

그의 군 경력은 파란만장했다. 그는 어느 날, 나의 첫 번째 책 『내가 너를 사랑하였노라』를 읽고 다음과 같이 자신의 이야기를 밝혔다.

그날은 평상시와 다를 바가 없는 날이었다. 그저 하던 대로 기상해서 세면을 하고 점호를 취하며 일과 중에 근무를 서고, 평범하게 내가 맡은 일을 조금씩 해나가고 있었다. 하지만 왜였을까? 어떻게 보면 별것도 아닌 일에 그렇게 세상에서 도망치고 싶다는 생각이 들었던 것은….

군에 입대하고 여러 가지 일을 겪으면서 힘들다는 생각을 자주 했다. 아니, 지금도 그렇게 편하다는 생각을 하고 있지 않다. 단순히 일이 힘들어서, 군에 있다는 사실 자체가 힘들어서가 아니라 그 속에서 타인을 대하는 것이 힘들어서, 그리고 닥쳐올 미래가 두렵기 때문이라고 하는 편이 정확할 것이다. 사실 어리석은 생각이다. 미래를 두려워하는 것만으로 해결될 문제가 아무것도 없다는 것을 스스로도 잘 알고 있기 때문이다. 하지만 머리로 알고 있다 해도 실천할 힘이 없었다. 의지가 부족하다는 것이 정확한 표현일까? 그저 피하고만 싶고, 그저 도망치고 싶었다. 다만 그날의 일 뒤로 요즈음은 예전과는 다른 시선으로 주변을 바라보고, 또 주변으로부터 예전과는 다른 시선을 받고 있다. 어떻게 보면 당연한 일일 것이다. 나 스스로가 어떤 일을 행했는지 잘 알고 있기 때문이다. 그저 달라진 점이 있다면 이 세상은 나 혼자 살아가는 것이 아니라는 사실을 정말 명확하게 알게 되었다는 것일까? 그리고 지금 내 손에는 한 권의 책이 펼쳐져 있다.『내가 너를 사랑하였노라』(중략)

이 책에는 나처럼 힘들어했던 친구들의 이야기가 여럿 소개되고 있다. 그리고 나 역시 그들의 이야기에 지극히 공감하고 말았다. 나는 나 하나만 없으면 모든 것이 다 좋아질 것이라 생각했다. 세상에 필요없는 존재인 나만 사라진다면 모든 것이 보다 더 좋아질 것이라 생각했다. 하지만 그저 외면한 것일 뿐이다. 두려워서 도망친 것이다. 책에 소개되었던 한 친구는 이렇게 말했다. "왜 나와 같은 정신병자에게 이렇게 관심과 배려를 가져 주시는지 모르겠다."라고. 나도 같은 심정이다. 왜 나와 같은 사람에게 이렇게 과분할 정도로 관심을 가져 주고 배려를 해주시는지 지금도 이해하기 힘들 정도이다.

문득 얼마 전의 일이 떠오른다. 그날, 내 직속상관을 뵈었다. 고개를 숙였다. 그리고 도저히 눈을 마주칠 수 없었다. 너무도 면목이 없었으니까, 너무도 죄스러웠으니까. 하지만 대장님은 미소로 일관하셨다. 괜찮다면서, 걱정하지 말라면서, 죄 지은 것이 아니라면서. 대장님께서 내 머리를 쓰다듬어 주실 때 하염없이 눈물만 흘리고 말았다. 그리고 그 배려는 지금까지 계속되고 있다. 비단 대장님뿐만 아니라 행보관님이나 경비소대장님, 행정장교님 등 여러 간부님과 새로 들어간 생활관의 선임들의 배려에 항상 감사하게 생각하고 있다. 솔직히 사회에서 이런 배려를 받을 수 있었겠는가? 이렇게 폐쇄적인 특수한 환경 속에서 이러한 관심과 사랑을 받을 수 있다는 것은 분명 축복일 것이다. 평소에 생각하지도 못했던 하나님을 찾게 되는 경우가 있다면 이런 일 때문이 아닐까? (중략)

이제껏 말로는 하지 못했지만 글로나마 이렇게 말씀드릴 수 있다.

"저도 사랑합니다. 저도 당신들을 사랑하고 있습니다."

그렇다. 그 병사는 군에서 참 좋은 사람을 만날 수 있었다. 그 사람들로 인하여 다시 세상을 향하여 발돋움할 수 있는 힘이 생긴 것이다. 다른 사람들을 바라볼 수 있었을 뿐 아니라 사랑한다고 고백까지 하였다. 그 병사를 사랑으로 바라보았던 그 상관이 기독교 지휘관이었기에 그 기쁨은 더 풍성했다.

난 여전히 이런 기쁨을 맛보고 싶다. 여러분 때문에 "군대는 여전히 희망이 있습니다."라고 말할 수 있는 아름다운 이야기가 들려지기를 기도한다.

7 반가운 이메일

5년 전, 4월 어느 주일 저녁에 반가운 이메일을 받았다. O사단에서 근무하고 있는 여군 장교가 책을 읽고 독후감(?)을 보낸 것이다. 어느 홈페이지에서 내 메일 주소를 발견하고 단순히 반가운 마음에 보내는 것이라 했다. 참 흐뭇한 편지라 인쇄를 해서 보관하고 있었는데, 다시 그 편지를 읽어보니 색다른 기쁨이 찾아온다. 이 이메일을 보면서 혹시나 하는 마음에 아주 오랜만에 메일을 보내보았다. 다음 날 답장메일을 받았다. 허락을 받고 당시 편지의 내용 일부를 소개한다.

필승! 목사님, 안녕하세요. 저는 O사단에 근무하고 있는 여군 장교입니다. 제가 하나님을 알기 위해 열심을 낸 건 대학 4학년 때 여군을 준비하면서부터입니다. 내 꿈을 이루기 위해서 하나님께 열심히 기도했던 것 같아요.

제가 이루던 꿈을 이루어지긴 했지만 군대란 곳은 생각보다 힘들더라구요. 처음 자대에 왔는데 제가 어찌나 어리버리하고 어설프던지. 하는 일마다 선임 소대장들의 꼬투리와 갈굼들…. 사실 그때 혀를 내두르며 군생활 못하겠다는 마음도 들었지만, 일 년이 지난 지금 추억으로 남기고 있어요. 소대장생활을 생각보다 힘들게 하면서 교회 가서 기도하고, 하나님을 의지하며 믿음이 조금씩 자란 것 같아요. 하나님께 모든 것을 드리고 싶다는 진정한 마음도 들었고, "하나님께서 날 사랑해 주시는구나." 하는 마음도 들었고…. 군대 동기들한테 늘 내가 OO에서 군생활하면서 주일에 한 번 교회 나가는 것이 낙이었다고 말했을 정도였으니까요. 차편이 불편해서 새벽예배나 수요예배는 참석하지 못했지만, 주일예배는 꼬박꼬박 나가기 위해 노력했답니다.

제가 섬기는 군교회 목사님께서 한 달에 한 번 신앙서적을 추천해 주시고, 그 책에 대한 독후감을 써오면 다음달 추천 도서를 선물로 주셨거든요. 그리고 전 일 년 동안 목사님께서 추천해 주신 책을 열심히 읽고 독후감을 써서 내고 다음달 추천 도서를 받았어요. 언젠가는 안 목사님 책을 추천해 주신 적이 있어요. 『내가 너를 사랑하였노라』, OO사단 사건을 통해 하나님의 사랑을 느끼게 했던 그 책. 읽으면서 내가 완벽하지 못해도 주변에 힘들어하고 고통스러워하는 병사들을 위해 조그만 힘이 되었으면 좋겠다는 생각이 참 많이 들었습니다. 또 한 번쯤은 목사님 설교를 들어보고 싶다는 생각도 들었구요. (중략)

목사님, 저는 군에 오랫동안 남아서 힘들어하는 병사들을 보듬어 주고 싶고, 살펴 주고 싶고, 군복음화를 위해 쓰임받고 싶다는 소망과 믿음이 있습니다. 제가 군에 입대하기 전부터 "주님을 위해 쓰임받는 주님의 군사가 되게 해주세요."라고 기도를 했는데, 지금도 날마다 교회에 나가서 하는 기도 역시 군대에서 주님의 군사로 쓰임받게 해달라는 기도예요. 어떤 기도가 옳고 그른지 모르지만 그래도 하나님을 위해 일할 수 있다면 군에서 주님의 군사로 쓰임받고 싶어요. 조금은 군기 빠진 군인이 되어도 병사들 한 사람 한 사람을 사랑으로 보듬어 주는 '서번트 리더십'을 발휘하는 장교가 되고 싶답니다. 부족하지만 하나님께 진정으로 쓰임받는 기독 장교가 되기를 바라는 마음이 간절해요. 물론 내 고민을 쌓아놓고 힘들어할 때도 있지만, 이런 시련과 고난들을 통해 나를 좀더 강하게 만들어 주실 것이라는 믿음의

확신이 있답니다. 목사님께서 도와주세요. 제가 군에서 하나님을 위해 쓰임받을 수 있도록요. (후략)

목사님, 저 현역 군인이 맞는데, 메일에 다나까 용어를 쓰기가 그래서 그냥 '요' 자를 붙였는데 이해해 주실 거죠?

이 장교는 몇 년 전, ○○병과에서 중위로 전역을 했고, 현재는 재입대하여 ○○사단 정훈장교로 근무하고 있었다. 결혼도 했고, 마침 어제부터 출산을 앞두고 출산휴가를 시작했다고 했다. 두 번의 군생활이 쉽지 않았지만, 그때마다 하나님께서 지켜 주셨기 때문에 감사한 마음으로 군생활을 잘할 수 있었다고 고백했다. 그녀의 열정적 목소리와 깊이 있는 스토리를 듣지 못했지만 우리 교회 강단에서 '3분 스피치'를 듣는 것처럼 선명하게 내 귀에 들리는 듯하다.

어제 저녁, 당시 사단 목사님 내외분과 식사하면서 기회가 되면 공식적인 데이트를 한 번 하자고 했는데 만나면 참 반갑고 기쁠 것 같다. (남편도 같이 해야겠지?) 예쁘고 지혜로운 아이를 순산하고, 다시 건강한 모습으로 군선교 현장에서 멋지게 쓰임받으면 좋겠다. 이런 귀한 만남을 주신 하나님께 감사하며.

8 특별헌금

 목사는 예배를 인도하면서 진행되어지는 하나하나의 순서 가운데 하나님의 임재와 능력을 경험하고 하나님을 만날 수 있도록 도와주는 거룩한 소명이 있다. 분명 헌금 시간도 예배 순서 중 하나이다.

그런데 군대 교회에서 헌금시간은 예외적인 시간으로 이해하는 경향이 있는 것 같다. 요즈음 어릴 때부터 헌금 훈련이 된 병사들을 제외하고는 병사들이 현금으로 헌금하는 것이 쉽지 않아 보인다. 사실 나도 헌금에 대한 성경적 가르침을 깊이 있게 설교할 기회들이 많지 않았다.

어느 날, '현금 말고 쪽지로 하나님께 드려보면 어떨까?' 하는 생각이 들었다. 마음이 담긴 쪽지는 어쩔 수 없이 드리는 물질보다 더 귀하고 아름다운 특별헌금으로 느껴질 때가 있다.

수년 전, 한 부대 교회에서 '지난 주 감사와 기도'라는 제목의 작은 쪽지를 기록하여 드리도록 했다. 그리고 다음주 주보에 실어 예배에 참여한 회중들과 함께 나누었다. 물질로 드리는 헌금은 아니지만 마음으로 드리는 그들의 감사가 진심으로 느껴지곤 했다. 이 병사들은 먼 훗날에 하나님께 자신의 전부를 드릴 만한 믿음의 사람으로 살아갈 것이라는 확신이 든다.

전역을 생각하면 기분이 좋아지는 이등병의 감사쪽지이다.

이등병 때 OO 교회에 처음 와서 한 일은 교회 몇 번 나오면 전역하는가를 계산하는 것이었습니다. 몇 번 나와야 되는지 알았다 해서 군생활이 줄어드는 것은 아니었지만 그래도 전역을 생각하면 기분은 좋았습니다. 한주 한주 교회에 나오면서 많은 것을 생각하고 많은 것을 이해하고 많은 것을 얻으면서 교회에 나오는 것이 전역에 가까워지기 위한 것이 아니라 주님께 다가가기 위한 것임을 알게 되었습니다. 주님, 감사드립니다. 주님의 보살핌으로 이 년이라는 시간 동안 겪었던 아픔을 줄일 수 있었고, 많은 친구들을 만나 외롭지 않았고, 저를 사랑해 주시는 소중한 분들의 소중함을 알았습니다. 그리고 제 안에 주님의 뜻이 있다는 것을 알게 되었습니다. 제게 감동과 영광을 주신 주님, 저뿐만 아니라 모든 분께 그 은혜를 주시고 모두가 주님의 뜻을 발견할 수 있었으면 좋겠습니다.

훈련을 마친 병사의 감사쪽지이다.

길고 길던 FTX 훈련이 끝났습니다. 제일 먼저 훈련기간 동안 주님의 도우심과 함께하심으로 무사히 마치게 된 것을 감사드립니다. 새벽과 밤에는 발이 깨질 것 같은 추위도 있었습니다. 씻지도 못하고 편히 잠들지도 못한 채 새벽에 바삐 위장망을 개고 이동하는 어려움도 있었고 짜증나는 일도 많이 있었습니다. 하지만 옆에 있는 동료들과 함께 고생하고 도우며 잘할 수 있었습니다. 운전하는 저를 지켜 주시어 사고 없이 오게 하시고 훈련기간 동안 교회에 가서 예배드릴 수 있게 은혜 주신 주님께 감사드립니다. 13일이라는 긴 시간 동안 동료들과 잘 인내하고 웃으며 훈련 잘 마치게 해주셔서 감사드립니다.

한주간 아주 특별한 사건을 경험한 병사의 감사쪽지이다.

지난주는 제 인생에 있어서 잊지 못할 한주였습니다. 사 년만에 어머니를 보게 되었고 안아볼 수 있었습니다. 프랑스로 떠나시는 어머니지만 잠시라도 함께 있어서 아쉬운 마음이 남지만 웃으면서 지낼 수 있었습니다. 그런데 간사한 제 마음은 더 같이 있고 싶다는 생각으로 우울해 하고 있습니다. 하나님, 지금의 현실과 제 마음을 안아 주셔서 품어 주시기를 기도합니다.

전역을 앞둔 병사의 감사쪽지이다.

하나님 아버지, 이 년 동안 군생활을 하면서 많은 것을 얻어가게 하여 주심을 감사드립니다. 사회에 있을 때 얻지 못했던 귀중한 사람들, 하고자 하는 용기, 자신감, 많은 능력들을 저에게 은혜로 주심을 감사드립니다. 저에게 있어서 기나긴 시간이었던 이 년을 통해 주님을 더욱 가까이 만날 수 있었던 것 같습니다. 이 종이 한 장에 지금까지 생활해 오면서 느꼈던 감사의 제목을 쓰려고 하니 종이가 너무나 작아 보입니다. 하나님 아버지, 감사합니다. 사랑합니다.

젊은 장병들이 한주간 동안 부대와 개인에게 어떤 일이 있었는지, 어떤 감사와 기도의 제목을 갖고 있었는지 아는 것, 이것이 군목회 현장에서는 무엇보다 중요한 것이라 생각된다. 우리 교회에서는 어떻게 해야 할까?

9   아주 멋진 조교

강원 지역 군선교 후원회의 도움을 받아 삼겹살 파티와 함께 사단 신병교육대 조교들을 대상으로 인성 교육을 실시한 적이 있다. 중대별로 『내가 너를 사랑하였노라』를 선물했는데, 책을 읽고 편지를 보내 준 병사가 있었다. 5주간의 자신의 신병교육대 시간들을 회고하며, 조교 분대장이 되기 전 잃었던 초심을 찾고자 했던 병사의 이야기이다.

쉽게 물러서지 않을 것 같던 더위가 가고 어느덧 풍성한 가을을 알리는 시원한 바람이 불고 있습니다. 먼저 얼마 전 저희 조교들을 위해 만들어 주신 귀중하고 값진 시간 정말 감사드립니다. 짧지 않은 시간을 쉬지 않고 달려온 저희 조교들이 정신적으로나 육체적으로 잠시 쉬었던 뜻있는 시간이 되었던 것 같습니다. 그리고 독서의 계절인 가을에 맞춰 좋은 책을 접할 수 있는 기회를 주신 것에도 진심으로 감사를 드립니다. 목사님 책을 읽으면서 제가 훈련병 때 바라고 되고자 했던 조교가 어떤 것이었는지, 그때 나는 무엇이 절실했으며 무엇을 원했었는지를 돌이켜 생각하게 되었고, 결국에는 현실에 쫓겨 육체뿐 아닌 마음까지도 차가운 쇠붙이 깡통 로봇이 되어 버린 나를 발견하게 되었습니다.

2007년 2월 27일, 가족들의 눈물과 친구들의 격려를 뒤로하고 군에 입대하여 3월 2일에는 102보충대를 지나 이곳 OO사단 신병교육대에서의 신병 교육을 시작했습니다. 차가운 쇠 식판이 낯설었고, 딱딱한 메트리스가 낯설었고, 옆에서 자고 있는 동기들이 낯설었습니다. 어쩌면 이곳에서 쉬는 숨조차 낯설게 느껴졌습니다. 집이 그리웠고, 친구가 그리웠습니다. 어쩌면 사람의 따뜻한 온기와 정이 그리웠던 것 같습니다.

훈련소에 와서 내가 군인이 되었다는 것을 가장 실감했을 때는 총기를 수여받았을 때입니다. 영화나 텔레비전에서 보던 인마살상이 가능한 무겁고 둔탁하고 검은 쇠붙이를 받았을 때는 가슴이 콩닥콩닥 뛰고, 마치 지금 당장이라도 이 무서운 녀석을 가지고 전쟁터에 나가야 될 것 같은 두려움마저 들었습니다. 신병 교육 5주간의 시간은 항상 그러했습니다. 수류탄을 던질 때는 등에서 식은땀이 흘렀고 손과 발은 부들부들 떨렸습니다. 화생방 가스 실습을 할 때는 눈을 뜰 수가 없었고, 한 마디의 말도 할 수 없었습니다. 개인 화기 사격, 각개 전투, 경계, 총검술… 어느 하나 가벼운 마음으로 했던 적은 없었습니다.

하지만 수많은 교육과 훈련 중에서도 가장 힘들고 두려웠던 것은 취침시간이었습니다. 혼자라는 두려움과 가족에 대한 그리움. 이 년이라는 군복무 시간은 등불 하나 없는 깜깜한 터널을 통과하는 것같이 밤만 되면 나를 찾아와 그 어떤 훈련보다도 힘들고 두렵기만 하였습니다.

그런데 심적으로 육체적으로 불안한 훈련병 시절, 우리를 더욱 긴장하게 했던 것은 바로 '조교'라는 보직을 받고 임무를 수행하고 있는 '그들'이었습니다. 항상 "이거 해라, 저거 해라, 그건 안 된다." 그들에게서 감정을 찾아볼 수 없었습니다. (중략)

제가 조교가 되었습니다. 처음 조교 휘장을 달 때 '훈련병의 한숨에 귀를 기울이고 메마른 목의 갈증을 해소시켜 줄 수 있는 조교가 될 수 있지 않을까?' 하는 사명감이 대단했습니다. 그러나 어느 순간부터 군대는 내 인생의 잠시 머물렀다 가는 정거장일 뿐이라는 생각이 들게 되었고, 열심히 하나 대충 하나 전역이라는 목적지에 도달하기에는 별 차이가 없다고 생각을 했습니다. 그후로 계속 나태해지기 시작했고, 뜨거운 가슴은 차가운 깡통이 되었습니다. 결국 군대라는 낯선 곳에서 새로운 시작을 하는 그들의 마음에 귀 기울이지 않았고, 그들의 진심을 왜곡하기에만 바빴습니다. 과거에 품었던 포부와 사명감은 온 데 간 데 없고, 이기적이고 위선적인 지금 모습만 남아 있습니다.

병장이 된 지금 목사님의 책을 읽고 현재의 제 모습을 돌아볼 수 있는 기회가 되었습니다. 지금이라도 이렇게 초심을 찾고, 본연의 제 자신을 찾을 수 있도록 도와주신 목사님께 감사를 드립니다. 남은 기간 조교로서 훈련병들은 물론 분대장으로서 1중대의 기간병들에게 유능한 선장이 되고, 훌륭한 가이드가 되고 싶습니다. (후략)

어른이 된 내 일상의 5주는 짧지만, 그들에게 짧지만은 않은 그 시간, 바로 그곳에서 따뜻하고 마음에 귀 기울여 주는 한 사람을 만나는 것은 그들에게 아주 특별한 은총이라 말할 것 같다. 아마도 바로 그 병사는 당시 만난 훈련병들에게 멋진 한 사람으로 기억되고 있을 것이다.

10

나는 당신을 기억합니다

2005년 6월 19일 주일 새벽에 갑작스런 전화를 받았다. 전방 GP에서 사고가 났다는 것이다. 전투복을 갈아입고 상황실로 들어갔을 때 목사로서 아무 말도 할 수 없었다. 영결식을 하기 전까지 군과 유족들 사이에 고조된 긴장을 옆에서 보면서 목회자로서 '나는 어디에 있어야 하는가?' 하는 생각을 여러 번 한 것 같다.

이러한 과정에 유난히 목회자로서 마음이 가는 분들이 계셨는데, 고(故) 차유철 병장의 부모님이었다. 영결식장에서 "하나님! 왜 하필이면 지금입니까? 왜 하필이면 내 아들입니까? 하나님! 왜 이렇게 억울한 죽음입니까? 하나님! 피 흘려 쓰러지는 아들에게 한 마디 듣고 싶었는데 이렇게 가슴 아프게 보냅니다. (중략) 하나님 아버지! 한 마디만 들려 주십시오. 이 아들을 받아 주시겠다고 말씀해 주십시오. 사랑한다, 내 아들아! 사랑한다, 내 아들아! 내가 너를 기뻐하노라. 내가 너를 사랑하노라."라고 부르짖을 때 "아멘"이라 화답하며 오열하는 어머니의 모

습을 생각하면 지금도 가슴이 아려온다. 믿음 안에 있는 사람들의 영적 감정인 것 같다.

　사고 이후 두 해가 지날 무렵 4월 어느 날, 군종장교들을 가르치는 교관으로 임무를 수행할 때, 상무대를 선정하여 자료를 수집하고 멀지 않은 지역에 있는 차 병장의 부모님을 찾아가 만날 수 있었다. 그리고 부모님이 다니시는 교회의 목사님께서 수요 강단을 허락해 주셔서 "내가 너를 사랑하였노라"라는 제목으로 설교를 할 수 있었다. 세상의 많은 사람들은 아들의 너무나 갑작스럽고 억울한 죽음이 저주받은 죽음이라고 하지만 그의 죽음은 헛된 죽음이 아니었음을 전하고자 했다.

　예배 후 오랜 시간 동안 부모님들과 이야기를 나누었다. 사고 이후 1년 6개월 정도의 시간을 매일 '가슴이 부었다' 할 정도로 눈물로 지냈던 유철이 어머니의 가슴 아픈 이야기, 어머니가 그동안 겪어야 했던 슬픔의 무게가 얼마였는지 조금은 느낄 수 있었다. 아직도 사건이 정리되지 않았기에 매우 혼란스러워 하는 아버지의 모습들… 아들을 잃은 부모들의 표현하기 힘든 복잡한 마음들이었다. 그럼에도 불구하고 아들의 군복무 기간 가운데 수양록에 기록된 김 일병과의 관계, 앞으로의 인생계획, 교회 및 학교 친구들이 남겨 준 위로의 글들, 그동안 아버지로서 느꼈던 마음들에 대하여 책으로 출판하고 싶다는 계획을 갖고 있었다.

사고 후에 차 병장의 관물대에서 발견된 편지와 메모들이 집으로 배달되었는데, 언론에 공개된 편지의 내용은 다음과 같은 것들이었다.

> "경험은 많을수록 좋다, 시간을 유용하게 쓰자, 독서는 사람을 지혜롭게 한다."
> "사람은 참 간사하다, 폭력 앞에 비굴해지지 말자, 모순되는 인간이 되지 말자."
> "적절한 수면을 취하자, 시간을 유용하게 쓰자, 단순 즐김으로써의 텔레비전 시청을 자제하자."
> "잘 키워 주셔서 고맙습니다라는 말을 한 적 없지만 두 분의 사랑만큼 대단한 것은 없다고 봅니다. 결코 값어치를 매길 수 없는 부모님의 사랑 그리고 그걸 느끼게 해준 제 어머니 아버지 사랑합니다."

차 병장은 군생활에서 얻은 교훈과 제대 후의 진로, 휴가 나가서 해야 할 일, 읽은 책 목록을 적었다고 한다. 또한 군생활에서 어느 정도 마음 고생을 했음을 짐작케 하는 글귀가 있기도 했다. 하지만 병영 생활에 적응하려는 모습도 엿보인다. 어버이날 즈음에 보낸 사랑의 편지를 보면 참 멋진 아들, 자랑하고 싶은 아들이었으리라 할 수 있다.

돌봄은 기억함을 의미한다. 다시 말하면 상대방을 마음속에 간직하는 것이다.

지난 주 "기억과 감사"라는 제목으로 설교를 했다. 이 한 페이지의 글을 쓰면서 다시 기억한다. 오랜만에 메시지 한 구절로 인사를 드렸다.

"안낭기입니다. 주님의 이름으로 평안을 기원합니다. 유철이에 대한 생각이 나서 이렇게 인사드려봅니다."

차 병장의 아버지는 "목사님 주 안에서 평안하신지요? 항상 유철이 잊지 않고 기억해 주시니 감사하기 그지 없습니다. 저희 내외 목사님 기도 힘 입어 잘 살고 있습니다. 항상 주 안에서 승리하시고 평안하시기를 기도드립니다." 하고 오히려 목사를 축복하는 인사를 주셨다. 담임목사는 아니지만 인생의 가장 힘든 순간에 함께 슬픔을 느껴 주고 함께 있어 준 사람, 더 나아가 현재 지금도 당신을 기억한다는 것을 보여 주며 예수님이 생각이 나는 목회자의 한 사람으로 기억되고 싶다. 주님의 위로가 영원토록 함께하시기를 간절히 기도한다.

11

4주 훈련병

 보충역이라는 병역제도가 있다. 대한민국에서 현역, 즉 군대에서의 복무가 가능하다고 판정된 징병대상자 중 병력 수급으로 남은 인력으로 현역에 편입되지 않고, 평시 다르게 복무하도록 되어 있는 병역제도이다. 즉 복무기간에 따른 인력과다로 현역이 아닌 사회에서 민간인으로 종사하는 자원을 말한다. 이들은 4주간의 기초 군사 교육을 마친 후 사회 복무 요원, 국제 협력 봉사 요원(KOIKA)과 예술 체육 요원으로 봉사하고 있다.

원주에 있는 사단 신병교육대에서 보충역으로 분류된 훈련병들을 만날 수 있었는데, 연예인 하하(하동훈), 프로야구 선수 봉중근, 유명한 피아니스트들, KOIKA 훈련병들이 기억에 남는다. "우리 교회 피아노는 김OO가 연주했던 피아노입니다."라는 문구를 적어놓자고 했던 훈련병도 있었고, 한예종을 졸업하고 병원에서 주 1회 자원봉사했던 피아니스트 김OO 형제는 훈련병 시절에 받은 은혜가 커서 그 다음해에 다시 찾아와 훈련병들을 위한 공연을 하기도 했다. 그 외에 국위를 선양했

던 운동선수들도 군복무 면제 혜택을 받게 될 경우에 4주의 훈련은 받는 것으로 알고 있다. 박찬호 선수도 받았고, 축구선수 안정환도 훈련소에서 세례를 받았다는 신문기사도 있었다.

4주의 훈련소 경험이 그들의 인생 가운데 큰 자극제는 안 되겠지만, 그 짧은 시간에 자신과 신앙을 돌아보는 기회가 되는 경우도 있는 것 같다. 그들이 훈련소 예배 가운데 기록했던 기도와 감사의 쪽지이다.

어느 보충역 병사가 신병교육대의 세례식에 참여하고 다음과 같이 고백하고 있다.

온실 속에 화초처럼 자라왔던 저에게 하나님의 영혼을 향한 갈망과 안타까움, 당신의 놓치고 싶지 않아 하는 마음과 우리를 사랑하신다는 것을 지난주 진중 세례를 통해 느낄 수 있어서 감사합니다. 이곳의 훈련병들은 한 달이 지나면 계속 바뀌지만 이 교회 안의 하나님의 충만한 임재는 영원하길 기도합니다.

국제 협력단(KOICA)으로 봉사하게 될 훈련병의 기도문이다.

상승 교회에 처음 발을 들여놓은 지가 어제 같은데 벌써 마지막으로 드리는 예배가 되었습니다. 이곳 상승 교회에서 주님의 사랑을 깨닫고 주님께서 살아 계시다는 것을 다시 한 번 믿게 되었습니다. 앞으로 이곳을 나가서도 교회 열심히 다니고 주님을 찬양할 수 있는 제가 되게 해주세요. 또 국제 협력단으로 스리랑카로 가게 되는데, 가서 안전하게 봉사하고 올 수 있도록 도와주세요. 혼자인 아들을 보내는 부모님을 지켜 주세요. 그리고 목청 터져라 구령을 외치고 제식을 하면 오던 상승 교회, 지루하지 않고 정말 재미있으신 목사님, 군대에서 '요'자를 유일하게 쓰는 찬양단 형제, 자매들 축복해 주세요.

하하의 쪽지 기도문이다. 하하는 나에게 무한도전 멤버들과 찍은 사진과 '죽지 않아!' 사인을 기념으로 해주었다.

하나님, 저 동훈이 왔어요. 담대하도록 용기 주시고, 지혜와 명철, 총명을 주세요. 아버지, 아직 세상과 타협하며 살아갑니다. 지금 이 자리에서 기도를 드리는 것이 너무 기쁩니다. 비록 4주지만 축복해 주세요. 5중대 1소대 모두가 무사히 다치지 않게 해주세요. 감사합니다. 숨쉴 수 있음에, 감사하다 말할 수 있는 내 입을 주셔서 감사합니다. 아버지께 영광돌리겠습니다.

찬양을 듣고 마음이 움직였던 훈련병의 고백이다.

2006년 11월 이후 교회라는 곳에 나가지 않았습니다. 교회가 싫었던 것은 아니지만 교회 안에서의 사람들의 다툼, 상처, 그런 모든 것이 싫었습니다. 믿었던 사람들이 서로 편을 가르고, 떠나고…. 그런 모습들이 너무 싫증났습니다. 그러다 오늘 오랜만에 들리는 찬양과 불러보는 찬양이 마음을 떨리게 했습니다. 여기서 느끼는 이 설렘을 어떻게 해야 할지 헷갈렸습니다. 다음주 다다음주에 또 예배에 나오고 싶은 생각이 듭니다. 그러다 어쩌면 사회에 나가서도 마음이 끌리는 곳으로 가지 않을까요? 먼저 나에게 손을 내밀어 주시길 바라고 있었을까요? 오랫동안 외면하고 살았지만 왜 불러 주지 않았을까요? 남은 몇 주 동안 머리를 정리하고 싶은 생각이 들었습니다.

아마도 이들은 그 짧은 4주간의 훈련병 시간과 그때 드린 기도를 잊어버렸을지 모른다. 그러나 주님은 이들이 그때 드렸던 마음이 담긴 기도와 결단을 지금도 기억하시고 기뻐하실 것이다. 그리고 여전히 그들과 함께 동행하시고 인도해 주시는 분이심을 믿는다. 어디에 있던지 무엇을 하던지 하나님께 영광 돌리는 형제들이 되기를 기도한다.

12

목사 아들의 고통

OO는 부대 전입 동기라 할 수 있다. 처음 부대에 전입하는 병사들에게 '샬롬'으로 인사하는 법을 가르쳐 주었다. 내가 근무하는 사무실이 바로 OO의 생활관 옆이라서 마주칠 때마다 '샬롬'으로 인사했던 활기찬 병사였다. 이병, 일병, 상병 때까지 적절하게 좋은 관계를 유지해 오다가 『내 마음속에 울고 있는 내가 있어요』를 읽고 편지를 보내왔다.

어느새 다사다난했던 2001년을 마감하고 월드컵의 해 2002년을 준비하는 달이 왔습니다. 전에 말씀하셨던 책 『내 마음속에 울고 있는 내가 있어요』를 읽어봤어요. 저는 좀더 나은 2002년을 위해 제 마음을 이렇게 적어봅니다. 여기에 적는 것은 누구의 잘잘못을 이야기하고자 함이 아닙니다. 제가 불행해서도 아닙니다. 가슴속의 알 수 없는 이것을 떨쳐버리고 좀더 나은 삶을 위해 저의 가슴속 철없는 마음을 내어놓습니다.

목회는 하고 싶어 하는 게 아니라 주님이 시키셔야 하는 걸로 알고 있습니다. 그런데 제가 제일 무서워하는 게 뭔지 아십니까? 하나님이 저에게 주의 일을 하라고 하는 것입니다. 그래서 다가가기 무섭습니다. 기도도 잘 못하고 이렇게 어느 정도 거리를 유지하면 목회를 어떻게 시키겠습니까? 이

건 저도 몰랐는데 제가 하나님을 견제하고 거리를 유지하려 애를 쓰고 있는 겁니다. 그러면서 주님과 가까워지려고 하는 모순된 모습이 있었습니다. 왜 내가 주님이 나를 사용하실까봐 두려워하는 걸까? 아버지가 목사님인데… 저는 막말로 죽으면 죽었지 목회는 죽어도 싫습니다. 하지만 하나님께 찍히면 죽음보다 더한 고통으로 절 다듬어 사용하실까 겁이 납니다. 제가 뭔 힘이 있겠습니까? 꼭 집어 뭐가 그리 싫은지…. 가난도 싫고, 예수님께서 오신 뜻처럼 죄인을 위해 일도 못할 것 같습니다. 나 좋은 사람 나도 좋고, 나 싫은 사람 나도 싫으며, 내게 와 부탁을 해야 들어 줄 것 같고, 내가 할 수 있는 사람만 만나고(내 힘으로 하는 것도 아닌데 교만해서…), 정말 마음이 조이고 의원이 필요한 사람, 찾아올 힘도 없고 사람들이 외면하고 내 마음을 거스르는 사람을 사랑하고 주님께 인도할 자신도 없고, 그러면서 나를 정당화하며 살기도 싫습니다. 나 좋다는 사람 좋아하며 살기도 벅찬데, 무엇보다도 마음이 무겁네요. 예, 그렇습니다. 마음이 무겁습니다.

아버지가 목회하시기 전에는 교회 가는 게 즐거웠습니다. 항상 최고였고 지는 걸 싫어했고 친구도 많았습니다.

아버지가 목회를 시작하면서 저는 모든 걸 잃었습니다. 많은 친구들을 한 명도 없이 다 잃었습니다. 노는 것을 엄청 좋아하고 활발하던 저는 집에서 나가는 것도 무서웠습니다. 창피했습니다. 자신감도 잃었습니다. 학교에서도 친구를 잘 사귀지 못했습니다. 물론 아버지가 목회를 하시는 것과 무슨 상관이냐고 할지도 모릅니다. 원망과 피해의식, 내가 날 이렇게 만들었을지도 모릅니다.

이야기가 다른 곳으로 빠졌는데 계속 하겠습니다. 제 바보 같은 생각을 말입니다. 어쨌든 이런 생활이 동역자로서의 삶을 강요당하며 고등학교 졸업 때까지 이어졌습니다. 여기에는 가난도 한 몫 했습니다. 저는 그 세월이 너무 억울합니다. 아버지가 교회를 떠날 때 가까운 곳에서 목회 시작한다고 "니가 살아남을 수 있을 것 같아?"라는 말과 함께 몇 가지 누명(지금은 다 밝혀졌지만)을 쓰고 나오는 바람에 상처도 컸고 친구들을 만나지도 못했습니다. 진짜 충성을 다했던 교회에서 말입니다. 충성을 다하고 전도를 많이 한 것이 문제가 되어 교인을 끌어갈 것을 우려하여 독설을 하는 모습. 목사님이 떠나면서 교회 사정이 어려움에도 퇴직금으로 몇 천만 원씩 빚을 져 챙겨가는 모습. 아버지의 맨손으로 고생하던 가난이 창피로 다가오던 것들. 지금 제 머릿속에는 '내 인생 내가 산다.'는 생각으로 꽉 차 있습니다. 더 이상 제 인생을 뺏기고 싶지 않습니다. 이제 제가 살고 싶습니다. 멋지게 살 겁니다. 이런 생각으로 부사관에 지원한 적이 있었습니다. 순수하지 못했던 저는 지원에서 떨어져 지금은 내년 6월 전역을 기다립니다. (중략) 저는 시간이 만병 통치약인 줄 알고 있었습니다. 아무리 큰 상처도 시간이 지나면 잊혀지고 추억이 되는 줄만 알았습니다. 그래서 전역자들이 오면 반가워하고 추억하고, 인생 다 그렇게 사는 줄 알았습니다. 이 책을 읽기 전까지는 말입니다. 그런데 내가 받은 상처가 나의 성격에 큰 영향을 끼치고 있고, 나는 나중에 저러지 말아야지 했던 행동을 내가 하고 있음을 깨닫는 때가 있습니다. 이제는 끝난 줄 알았는데 서럽고, 괴로웠던 기억…. 어찌보면 제 신앙생활은 일종의 가면이었습니다. 위선적이고 부담스럽고 무겁기만 한 가면. 아버지, 어머니만 안 계시면 당장 찢어버릴 십 년이 넘는 세월. 저는 이 가면을 벗고 싶었습니다. 하지만 제겐 이 가면을 벗을 힘이 없습니다. 가슴속 어딘가의 그 무엇이 나를 괴롭힙니다. 예수님은 이런 경험도 하셨을까요?(2001. 12. 20에서 21일로 넘어가는 자정에)

OO는 아버지학교를 마치면서 다음과 같은 소감문을 남겼다. 이 기수에 참석한 병사 중 네 명이 목사님 자녀들이어서 더욱 쉽게 공감할 수 있는 좋은 기회가 되었다. 전역을 1개월 앞둔 OO와 마지막 아버지학교 5기를 통하여 친밀한 만남을 가질 수 있었다.

2박 3일의 짧았던 교육을 마치면서 아버지학교 동기들과 목사님과의 대화 속에 나 자신을 더욱 소중히 생각하는 시간들이었습니다. 교육 첫날 자기 이름을 설명하던 시간, 목사님이 내 OO란 이름이 필(feel)이 온다며 좋다고 했을 때 태어나서 처음으로 내 이름에 자부심을 느꼈습니다. 그러고 보니 저는 제 이름조차 사랑하고 있지 않았던 것 같습니다. 이번 아버지학교에 참석한 동기들의 마음속 이야기를 들으면서 '아, 나만 그런 것이 아니었구나. 저런 아픔들이 있었구나.' 하고 알게 되었습니다. 서로의 아픔을 이야기하는 것만으로도 많은 것을 느끼고 그들을 이해함과 동시에 나 자신을 이해할 수 있게 되었습니다. 그러면서 비로소 나를 용서하고 아버지를 용서하고 더 나아가 사랑할 수 있게 되었습니다. 정말 2박 3일 동안 느낀 것이라고 하기 어려울 정도로 많은 것을 느끼고 갑니다. 앞으로 살아가면서 힘든 일을 당할 때 낙심될 때도 나 자신을 잃지 않을 자신감이 생겼습니다. 이 자리에 참석할 수 있게 해주신 하나님께 감사드립니다.

　　영적 사춘기를 힘들게 지낸 OO. 이제 목사 아들로 멋지게 성숙해져 있을 것이다. 요즈음 어떻게 지내고 있는지 궁금해진다.

힐링

밀리터리
Healing military

우 정

평가를 멈추고 이야기를 끝까지 들어 주는
안전하고 편한 사람을 만날 수 있다면
세상을 향해서 한 걸음 내딛을 수 있는 용기가 생기게 될 것이다.

1 부담스러운 것들

　부대와 교회를 옮길 때마다 부담스러운 것이 있다. 목양실 서재를 옮기는 작업이다. 벌써 열 번째 이동이다. 이번에도 용달차를 따로 불러 책을 싸고 풀었다. 군종병들과 신우들이 없었다면 스트레스를 많이 받았을 것이다. 쉽지 않은 일인데 짐싸는 일로 군종병의 사명을 끝까지 감당했던 헌신이 고맙다.

새벽 두 시에 비상이 걸려 대기하는 동안 마음이 담긴 군종병의 짧은 편지에 군종목사로서의 보람을 느낄 수 있었다.

　목사님을 떠나보내는 것이 아직까지는 믿기지 않습니다. 가시고 난 뒤 빈 목양실을 보면 그때서야 빈자리를 느낄 것 같습니다. 어제 이삿짐을 싸면서까지 몰랐는데 막상 오늘 마지막이라 하니 여러 생각이 듭니다. (중략) 영상편지로 말씀드렸지만 목사님이 한빛 교회를 향해, 또 성도와 신우를 향해 보여 주셨던 사랑과 열정을 제가 기억하고 그것을 다음 목사님과 함께 이어서 흘려보낼 수 있도록 기도하고 노력하겠습니다. 다음 사역지에서도 군선교의 여러 열매가 맺히기를…『황금어장』의 다음 이야기가 쓰여지기를 기도하겠습니다.

그날 오후, 다시 짐을 풀었다. 저녁 늦도록 군종병과 함께 책을 풀면서 한 가지 다짐해 보았다. 지난 몇 년 동안 보지 않았던 책들과 자료들을 과감히 정리해야겠다고… 그런데 아직 서재가 정리되지 않았다. 마음먹고 정리할 생각이다.

또 한 가지 부담스러운 것이 있다. 전국에 1,004개의 군인 교회들이 있지만, 교회와 목회자에 따라 조금씩 다른 예배 순서와 주보의 틀과 내용들, 그리고 성도들의 영적 분위기…. 다른 어느 목회자보다 군종목사들의 적응력이 뛰어나지만 새롭게 맞이하는 백운 교회의 분위기는 나에게 부담스러웠던 것은 사실이다. 짧은 만남이지만 긴 여운이 남는 이전 성도들에 대한 감정적 정리도 시간이 걸릴 것 같고, 다시 사단의 군종참모 역할과 다소 열악한 교회환경에서 처음부터 시작해야 한다는 부담감, 그리고 나 스스로도 자신감을 잃어버린 침체된 모습들…. 신병들이 적응하려면 백 일이 걸리는데 목회자인 나도 적응하려면 시간이 필요할 것 같다. 우리 교우들이 목사를 이등병처럼 품어 주면 좋겠다. 그리고 "목사님, 잘 오셨습니다! 목사님을 기다렸습니다!" 하고 말해 주면 좋겠다.

나는 다시 백운 교회의 영적 흐름도를 살펴보기로 했다. 한주간 백운 교회의 주보를 살펴보았다. 그리고 오래전 백운 교회에 부어 주셨던 성령님의 기름부으심과 성도들의 헌신과 기도의 흔적을 가슴으로 느껴보고자 했다. 헌신했던 사명의 일꾼들의 이름을 다시 불러보았다. 그리고 기도했다.

"하나님, 지금 이 교회와 젊은 형제들을 위해 눈물로 기도하고 헌신했던 지나간 많은 성도들을 축복해 주옵소서. 지금 어느 곳에 있든지 맡겨진 사명을 주님 오시는 그날까지 잘 감당할 수 있도록 도와주옵소서!"

그리고 지금 여기에서 내가 이어나가야 할 거룩한 사역들이 무엇인가를 스스로 물어보았다. 또한 다음 한해를 기다리고 준비하는 성도들의 영적 기대들을 듣기로 했다.

자그마한 시도를 해보려 한다. 우선 주보에 작은 칼럼을 기록해 보고자 한다. 수년 전에 "군종목사가 전하는 사랑의 편지(2002-2005)", "함께 나누고 싶은 이야기(2006-2008)", "지난주 못다한 이야기(2009-2010)"라는 제목으로 한주간의 이야기를 나누었는데, 백운 교회에서는 어떤 제목으로 이야기를 나눌까 고민하다가 "바로 그 병사"라는 제목으로 정하기로 했다. 군종목사 사역을 하면서 받은 장병들의 편지들과 쪽지 고백들을 다시 꺼내어 읽으면서 소중했던 시간과 만남에 대한 의미를 더하다보면 또 다른 감동과 은혜를 주시리라 믿는다. 안남기 목사의 개인 앨범이 아니라 군선교 현장에 있는 우리의 이야기임을 이해해 주고 함께 느끼고 반응해 주면 백운 교회에서의 사역도 행복해질 것 같다.

2 만남, 경험, 여운 참…

엊그제, 가까이에 있는 후배 군종목사들과 저녁식사 후 12시까지 진한 이야기 시간이 있었다. 그들은 군종고군반 교육생 기간에 나와 함께했던 교육 중에 받았던 느낌을 잊을 수 없다고 했다. 교육 내용은 기억나지 않지만, 그때 느꼈던 감정과 경험으로 인해 지금의 군목회에 있어서 자신감을 얻을 수 있었다고 했다.

6주 동안 다른 상담학 과목을 담당했던 목사님의 해외 출장으로 상담기법, 집단상담, 이상심리학, 선도 업무, 의사소통기법이란 과목의 강사와 담임교관으로 열 명의 목사와 여섯 명의 법사를 강의시간에 만날 수 있었다. 교육을 시작하면서 '내가 기대하는 것이 무엇일까? 가장 부담스러운 것이 무엇일까?'를 물어보았다. 몇 편의 글 속에 어렴풋이 정리되었지만 내 마음속에 또렷하게 그려지기를 원했다. 교육시간에 교육생들과 안전한 관계를 경험하고 싶고, 이제까지 후배 군종장교들보다 먼저 접한 여러 가지의 학문적 정보들과 이론들, 야전에서의 돌봄의 경험들이 군종성직자로서의 자부심과 정체성을 세워 나가는 데 작은 도움이 되었으면 했다. '내가 가르칠 만한 것들이 있을까?' 하는 자신감 없는 생각을 해보기도 했다. 그리고 학교방침과 교육지침을 어떻게 지혜롭게 전달할 것인지, 서로 선의의 경쟁을 하고 있는 교육생들에게 정직과 신뢰와 협력이 무엇인지 만남의 경험 현장에서 느낄 수 있도록 도와주는 역할이 필요하리라 생각했다.

6주간의 교육이 끝났다. 군종고군반에 참석한 한 목사님은 "만남, 경험, 여운, 참…"이라는 제목으로 소감문을 남겨 주었다.

처음 만난 사람들, 고군반에서 만났지만, 여러 자리에서 이야기했지만, 다양한 이들에 의해 들어왔지만 실제 너를 만날 수 있는 기회. 6주가 기대되고 기다려졌다. 하지만 쉽게 그들은 '너'가 되지 못하였다. 그러나 시간은 너를 만들어 주었고 너들은 나까지도 만나게 해주었음에 뇌리 속에 남을 만한 깊은 경험이었다. 이 여운과 감격이 채 가시기도 전에 이제 며칠 남지 않음의 인식이 너와 나를 같은 감정에 빠지게 했고, 그 속에서 분리된 그들이 분리된 우리가 만들어졌다. 참 소중한 만남, 경험, 여운은 그들로 시작되어 '너'로 이어졌고, 나에게 참 말할 수 없는 무언가를 주었다.

특히 사람을 가장 사랑하고 중시해야 할 목회에서 이 부분이 많이 부족하지 않았는지 반성을 하게 된다. 프로그램보다 사람을 중시하는 목회를 하겠다고 다짐하고 지금까지 목회를 해왔지만 개인에 대한 이해와 접근이 부족했음을 느낀다. 앞으로 한 사람 한 사람 장병 개인의 내면에 충실히 공감하는 목회사역을 다짐해 본다.

이번 군종고군반 교육은 나를 한 단계 성숙시키는 좋은 기회였다. 이곳에서 배운 것들을 통해 사람을 세우고, 누군가에게 의미 있는 대상으로 설 수 있기를 기대하며 또 다시 나의 사역지로 돌아간다. 기대감과 자신감을 가지고….

교육을 마치고 돌아간 한 목사님께서 보내 주신 "귀한 배려와 가르침 감사합니다. 잔잔함 속에 깊음과 넓음을 겸비하심 많은 도전이 됩니다."라는 한 문장의 메시지는 6주간의 시간들의 의미를 사진을 찍어 남기는 것보다 오랫동안 마음속에 남게 될 큰 감동과 존재의 기쁨이었다. 먼저 배우고 경험한 것들을 나눌 수 있는 교관의 위치에서 봉사할 수 있었다는 사실이 유난히 뿌듯하게 느껴졌다.

수년이 지나 함께했던 시간을 회상하며 의미 있는 만남으로 오늘 다시 만날 수 있음이 얼마나 기쁜지…. 참 행복한 밤이었다. 아내들에게서 "지금 어디예요?"라는 전화는 빗발치게 오고 있었지만….

3   바로 그 대대장

수년 전 병영생활 중 가슴 아픈 사연을 가진 병사들이 좋은 사람들과 안전하고 따뜻한 만남을 가지면서 치유되고 회복되는 이야기들을 모아 『내가 너를 사랑하였노라』라는 책을 출판했다. 그 책은 선후배 군종목사들과 군인교회, 그리고 군에 자녀들을 보낸 부모님들과 한국교회 성도들이 함께 읽어 주고 공감해 주면서 나름 읽혀지는 책이 되었다.

지난주에는 지방에 있는 한 목사님께서 책을 읽다가 눈물이 나서 잠시 책을 덮고 나에게 전화를 하며 꼭 만나고 싶다고 하셨다. 저자로서 받을 수 있는 최고의 선물이었다.

후배 군종목사 중에는 이 책을 추천도서로 선정하고 독후감을 함께 나누는 목양을 했다고 한다. 당시 그 책을 읽고 기록한 대대장의 독후감을 나에게 보내 주었다.

계급이 올라갈수록 힘들어하는 병사들을 보면서 "요즈음 병사들은 참 약해서 탈이야."라는 생각을 하게 되는 것 같다. 병사들의 삶과 밀접하게 접촉되어 있으면서 그들의 하소연을 들어 주되 반복되는 그들의 문제 속에서 '그래, 너는 문제야. 그것을 이기고 나오지 않는 한 나와 대화할 자격이 없어.'라고 속으로 제한하고 있었던 내 모습을 볼 수 있었다.

최근 부대에서 두 건의 폭행사고가 있었다. 마침 이 책을 읽고 있었기에 보다 쉽게 문제를 해결해 나갈 수 있었다. 이 책을 읽기 전에는 영창에 들어가 있는 이 병사에게 몇 마디 들어보고 훈계하려는 마음을 더 많이 표현했을 것이다. 그러나 이번에는 몇 가지 질문만 하고 계속해서 말을 들어 주었다. 그의 가정형편과 현재의 마음 상태를 충분히 들어 주고 공감하고 마지막으로 그러한 모든 문제를 해결하는 방법으로 교회에 다녀보는 것이 좋겠다는 권면을 할 수 있었다. 곧 교회에 나올 듯 싶다. (중략) 내일이면 중령 계급장을 달고 병사들 앞에 서야 한다. 병사들에게는 부담스러운 계급이 될 것 같다. 오늘 전역하는 병사가 신고를 마친 후 그 병사를 꼭 안아 주면서 귀에 축복의 말을 해주었다.

"사회에 나가면 꼭 필요한 사람이 되거라. 건강한 몸으로 주변 사람들을 행복하게 해주는 사람이 되거라. 좋은 직장을 선택하고 좋은 가정을 만들어서 자녀들에게 좋은 아빠가 되거라. 대대장이 생각날 때마다 이렇게 기도해 줄게."

내 팔에 안긴 전역하는 병사에게 내 마음이 따뜻하게 전달이 되는 듯 했다.

지휘관이 되어서 마음의 표현을 구체적으로 할 수 있는 기회들이 많지는 않지만 이 책을 통해 구체적인 행동으로 옮길 수 있는 마음을 얻게 되었다. 또 계획은 있었으나 실행하지 못했던 몇 가지 일들도 자신감을 가지고 착수할 수 있는 용기도 갖게 되었다. 좋은 책을 선정해 주신 목사님께 감사한다.

가끔 다시 책을 펼칠 때마다 지금의 내 영적인 상태를 점검하게 되고, 새로운 마음가짐을 갖게 한다. 병사들을 먼저 찾아가 그들과 함께 있고 싶어 했던 마음, 가까이에서 눈을 마주치며 이야기가 끝날 때까지 들어 주는 것이 사역의 우선순위라고 생각했다는 것. 아주 오래된 이야기가 아닌데, "당신은 지금도 이렇게 하고 있습니까?" 하고 묻는다면 이런저런 변명을 하고 있을 내 모습이 발견되어진다. 생각이 많아지고 마음이 흐트러진다. 십자가에 가까이 있었지만 예수님 앞에서 제비뽑기하고 있었던 로마 병사처럼 예수님을 바라보지 못하고 자신의 야망과 이익을 찾고 있는 모습은 아닌지….

이번 사순절과 고난주간은 유난히 십자가 앞에서 고상하게 죄를 짓고 있는 나 자신을 바라보게 된다. 십자가에 더 가까이 나아가 주님의 음성을 듣고 싶어진다. "내가 너를 용서하였노라. 내가 너를 기뻐하고 있단다. 지금도 내가 너를 사랑하노라."라고. 지나간 나의 이야기는 지울 수 없는 소중한 영적 자산이지만, 그것만을 가지고 살아갈 수는 없는 것이다.

"지금도 가슴 뛰는 일을 하고 있다면, 지금 내가 하고 있는 일이 하나님이 기뻐하시는 일이라 확신한다면 소명의 삶을 살아가고 있는 것이다."

두 번째 책 『황금어장』 표지에 인용된 구절이다. 부활하신 주님이 다시 오시는 그날까지 가슴 뛰는 벅찬 사랑의 증인으로 살아가면 얼마나 좋을까?

4 아쉬움

군목회는 목사와 장교들이 1—2년 주기로 전후방으로 부대를 이동하면서 만남의 기회가 많다는 특징이 있다. 병사들은 21개월이 길게 느껴지겠지만, 목회자의 입장에서는 조금 알 만하면 전역을 준비하는 수레바퀴와 같은 시간들을 경험하면서, 이들과의 만남이 형식적이고 가볍고 피상적으로 이루어지고 있는 것을 경험하곤 했다. 그럼에도 내게 주어진 목회적 울타리 안에서 의미 있는 좋은 만남을 갖고 싶어 하는 마음이 조금은 더 큰 것 같다. 십 년을 만났어도 서먹한 사람이 있고, 첫 만남에도 편안한 사람이 있다. 무슨 말이든지 하지 않으면 불편한 사람이 있고, 아무 말 없어도 편안한 사람이 있다. 짧은 만남이지만 마음과 마음이 통하고 있다는 의미일 것이다.

지난해 연말, 부대 이동에 맞추어 나에게 편지를 준 병사가 있었다. 영외 부대에서 근무하는 병사로 주일예배에 참석하면서 마음을 열고 나에게 찾아왔다. 나의 어떠한 모습이 그 병사의 마음을 열 수 있게 했을까?

안녕하세요. 목사님! 일병 박OO입니다. 뭐- 한 줄 쓰는데 많은 고민과 생각을 하게 됩니다. 군인이라 계급이라는 것 때문에 '이렇게 인사를 해도 될까?' 하고요. 그래도 목사님은 그리스도 안에서 형제 된 관계가 먼저라 생각해 주시는 것 같아 이렇게 인사드려보았습니다. 역시나 그렇지만 군대 교회에서는 친분을 쌓고 의미 있는 교제를 하기가 참 힘든 것 같습니다. 그의 이름을 불렀을 때 꽃이 의미가 되었다는 김춘수 시인의 시 "꽃"처럼 서로 이름을 부르고 가까이 해야 관계가 맺어질 텐데요.

저를 좀더 알리고자 소개를 드리겠습니다. (중략) 제가 원체 기록을 하지 않고 근무니, 휴가니 이래저래 사정이 생겨서 듬성듬성 나왔지만 목사님 설교를 들을 때마다 느끼는 것들이 많습니다. 설교하실 때마다 고민하신 부분이 느껴졌습니다. 어느 부분이라고 꼭 집어서 말하고 싶지만… 음… 저도 고민이 많습니다. 목사님께 많이 배우고 싶고, 그래서 이렇게 용기를 내어 편지를 써봅니다. 저는 신앙생활에 있어서 멘토가 없습니다. 그래서 때로 멘토가 있으면 좋겠다는 생각을 했습니다. 갑자기 멘토 이야기를 꺼내는 게 좀 그렇지만(저도 이렇게 들이대는 성격이 아닙니다.) 그래도 식사를 같이 할 수 있어도 좋겠고, 무엇보다 목사님께서 제대하고도 다시 오고 싶은 교회를 강조하시니 이렇게 들이대봅니다. 목사님께는 짧게 느껴질지 모르겠지만 아직 군생활이 일 년이나 남았습니다. 서로에게 좀더 의미 있는 존재가 되고 싶습니다.

아마도 설교 강단에서의 '파토스(pathos)'가 이 병사에게 가슴으로 다가가지 않았을까 하는 생각을 해본다. 이렇게 용기를 내어 다가온 병사의 편지는 아쉽게도 그 교회에서 마지막 예배를 마친 후에 받았다. 그리고 잠시 불러 기도하고 나의 두 번째 책 『황금어장』에 짧은 축복의 말과 전화번호를 적어 주고 인사를 나누었다. 이제 일병을 달고 부대

적응이 될 무렵, 의미 있는 시간을 보내고 싶어 하는 바로 그 병사에게 작은 도움이 될 수 있었으면 좋았겠지만, 영혼의 친구인 후임 목사님과의 새로운 만남이 있을 것이라는 확신이 있었기에 편안하게 짧은 나와의 만남을 매듭지을 수 있었던 것 같다.

몇 개월 전, 잊고 있었던 짧은 만남의 사건이었지만, 나와 함께하고 싶어 했던 그 병사의 편지를 다시 읽으면서 그 젊은 병사의 삶에 대한 열정이 부럽게 느껴지기도 했다. 그리고 나에게 물어본다. 나는 20대 초반에 이런 삶에 대한 열정이 있었는가? 나는 멘토로서의 자격이 있는가?

군에서도 멘토링을 생각하고 다가온 이 병사는 지금은 상병이 되어 후임병들에게 좋은 멘토가 되어 있을 것이다. 그리고 전역하고 한 사람의 인생을 이끌어 주는 안내자로, 본을 보이는 선배로, 비밀까지 공유할 수 있는 친구로, 자녀들에게는 믿음과 신앙에 있어서 본이 되는 좋은 아버지로서 사회에서 꼭 필요한 사람이 될 것이라 확신한다. 그리고 바로 '카톡'으로 그 부대 믿음의 지휘관에게 인사와 함께 그 병사의 안부를 전할 수 있었다.

5

친구의 어깨가 필요할 때

최근 예능 프로그램에서 배우 양동근이 군에서 자살 예방 프로그램에 참여하였을 때 "자신이 제일 잘한 일이 무엇이었냐?"는 질문에 "어깨"라는 곡을 지었던 일이라고 말했다. 화려하게 보이는 연예인의 겉모습과는 달리 군에 들어오면서 생활지도기록부에 자신의 어릴 적 과거의 이야기를 기록하면서 묻어두었던 자신의 아픔과 직면하고 그것을 가사로 끄집어내면서 어려운 위기를 넘길 수 있었다는 이야기였다. "어깨"라는 노래는 자신의 자서전적 이야기였다고 당당히 말하고 있다.

"나도 위로 받고 싶어서 끄적여 봤어
나 역시 벼랑 끝에 서 있는 자신을 봤어"

아홉 살 때부터 주어진 연기는 잘할 수 있었지만 서로 눈을 마주보며 대화하는 방법을 배우지 못해서 혼자만의 세계 속에 갇혀 사회적응에 힘들었던 자신의 이야기를 솔직하게 나누었던 것이다. 양동근에게 있어서 군대는 혼자만의 세상에서 사람들과 함께 어울리는 세상으로 나갈 수 있는 도약의 땅이 되었던 것이다. 그의 이야기는 인터넷 검색 인기 순위에 올라 좋은 영향을 미칠 것 같다. 5분 정도의 영상인데 우리 병사들이 꼭 한 번 보면 좋겠다.

사실, 병사들뿐만 아니라 장교들, 심지어 연예인이나 목사들도 사람들과 소통하며 살아간다는 것이 쉽지 않다. 그러나 평가를 멈추고 이야기를 끝까지 들어 주는 안전하고 편한 사람을 만날 수 있다면 세상을 향해서 한 걸음 내딛을 수 있는 용기가 생기게 될 것이다.

다음은 수년 전 초임 장교 집체 교육시간에 만났던 소위의 고백이다. 초기 부대 적응에 힘이 들었던 것 같다.

제 의지와는 상관없이 발생하는 일련의 사건 속에서 많은 스트레스를 받고, 이로 인해 '내가 왜 이런 대우를 받아야 하는가? 진정 나는 어떤 존재인가?' 하는 회의가 종종 찾아온다. 더불어 극단적인 생각을 하게 되고 피해 심리까지 발생하기도 한다. 벗어나고 싶다. 모태신앙임에도 불구하고 종교에 대한 뜨거운 갈망과 열의가 없어 형식적인 예배를 드림으로써 번민이 쌓여만 간다. 앞으로 남은 군생활을 잘할 수 있을지 두렵고 소대원들을 어떻게 관리해야 할지 모르겠다. 겉으로 드러난 자신감이 아닌 내면의 진정한 자신감과 자유함을 지니고 싶다.

그날 두세 시간 정도 동기들과 함께 이야기하는 시간을 가졌던 것으로 기억된다. 아마 그때 동료들의 어깨에 자신의 고민을 잠시 올려놓고 쉬어 갔던 것 같다. 동료들과의 이야기 후 다음과 같이 고백하고 있다.

우선, 그동안 혼자만의 고민과 번뇌 속에서 앓아오던 것들을 숨기지 않고 말할 수 있어서 무척 시원합니다. 말이 통하지 않는, 아니, 말로는 설명할 수 없는 사건과 결과들 앞에서 지나치게 나를 정죄하고 얽어맸던 내 모습을 발견했습니다. 이미 잊혀진 줄 알았던 아버지의 그들이 여전히 내면 깊게 자리잡아 나를 힘들게 하고 깊은 상처가 되었다는 것을 또한 알게 되었습니다. 또한 내 실수에 대해 너무 민감하게 반응하고 쉽게 상처받았음을 알게 되었습니다. 사실 많이 힘들었습니다. 돌이켜보건대, 내면의 상처들을 지나치게 간과했습니다. 그 아픔의 골이 너무 깊어 고름이 되어 흐르는데도 무시하며 지내온 듯합니다. 그러나 이제는 나를 인정하고 있는 그대로의 모습을 사랑해 보겠습니다. 여러 시행착오를 겪게 될 것이고 때로는 힘들겠지만 노력해 보겠습니다.

목사님! 감사합니다. 다만 한 가지 원하는 것은 여유 있고 유연한 마음을 지니고 다른 사람을 넉넉히 사랑하는 따뜻한 사람이 될 수 있도록 기도해 주시기 바랍니다.

마지막으로 힘든 시기에 큰 힘이 되었음을 고백드립니다. 그리고 무척 시원합니다. 용기를 가지고 여유롭게 군생활 잘하겠습니다. 감사합니다.

이야기의 힘이다. 서로에게 진정성이 담긴 마음의 이야기가 시작될 때 자기와 세상과 문제를 바라보는 눈이 새롭게 열리게 될 줄로 믿는다.

6

뜨거운 여름의 추억

 2006년 7, 8월 나는 3,500여 명의 학군사관 후보생 (ROTC)들을 강의시간에 만났다. 학군사관 후보생이란 'Reserve Officers' Training Corps'의 줄임말로 다양한 군사 교육(군사학, 전술학, 지휘 통솔 등)과 인성 교육, 리더십 교육, 봉사활동 등을 통해 문무를 겸비한 초급장교(소대장)로 성장하게 되는 예비 장교요, 아직은 대학생들이다. 개인으로 보면 30-40명의 병사들을 지휘하는 리더요, 육군 전체적으로 보면 60-70%이상을 배출하는 영혼구원의 소명을 담당해야 할 중요한 사람들이라 할 수 있다.

당시 12회의 교육이 마쳐진 저녁, 마지막 기수의 360여 명의 후보생들이 쓴 간단한 피드백을 읽고 밀려오는 감동을 고스란히 남길 수 있었다. 어제 야지 숙영으로 인해 불편한 잠을 잤기에 참기 힘든 졸음과의 전쟁을 치렀지만 교관의 열정에 빠져 들어오는 후보생들의 눈빛과 피드백을 읽는 이 순간, 강렬한 전율이 느껴졌다.

내가 기억할 수 없는 여러 좋은 말씀들을 해주셨다. 모두 기억할 수 없음이 많이 아쉬울 정도로 말이다. 그래서 여러 가지 말들을 마음속에 기록했다. 감동. 무어라 말해야 적절할지는 모르겠다. 어떻게 형용해야 할지, 어떻게 해야 이 느낌을 잘 표현할지 머릿속에 그 단어가 떠오르지 않는다. 하지만 아실 거라 믿는다. 이 감정을 이미 느꼈을 것이라 생각하기에, 그러기에 이 감정을 많이 느끼게도 만들 수 있으실 테니까.

이번 하계 훈련은 소대장으로서의 책임과 무게를 느끼게 하는 순간들이 많았는데 그 중에서도 특히 많은 생각을 하게 되었습니다. 저는 병참 병과와 보병 병과를 고민했습니다. 하지만 목사님의 강의를 들으면서 소대원들과 함께 호흡했고, 그들의 상처를 감싸안아 줄 수 있는 보병이 되어야겠다는 마음이 강하게 들었습니다. 목사님의 진심어린 강의를 들으면서 어떠한 장교가 되어야 하는지에 대한 고민이 상당 부분 해결되었습니다. 그리고 앞으로 만나게 될 소대원들의 상처를 치유하려면 나 스스로가 자유로워져야 함을 알았습니다. 언젠가 야전에서 뵐 기회가 있기를 기대합니다. 감사합니다.

분명 오늘 전한 기록된 문자의 지식들은 먼 훗날 기억나지 않을 것이다. 그러나 오늘 함께 느꼈던 감정, 즉 내 마음에 묶여 있던 그 무엇이 풀어진 것 같다는 시원한 감정, '나는 웃고 있고 자신감 있는 모습으로 살아가고 있지만 마음에는 외롭고 슬프고 화가 나 있고 짜증으로 가득한 아이가 있었구나.' 하면서 'A - Ha' 했던 통찰(Insight)의 기쁨, 뿐만 아니라 '내가 상처 입은 소대원들에게 의미 있는 중요한 대상이 될 수 있구나!' 하는 뿌듯함의 감정들은 분명 그들의 삶의 중요한 자산이 되었으리라 믿는다.

나는 이 후보생들로부터 가르치는 자로서 받을 수 있는 최고의 선물을 받은 것 같다. 나는 이들에게 기법을 이야기하지 않았다. 최고의 교안은 상담자 자신이라고 확신한다. 상담의 기본 기술인 경청과 공감 그리고 적절한 질문을 통한 직면이라는 내용으로 이야기를 풀어갔지만 무엇보다 전하는 자의 인격 속에 묻어나지 않는 교안은 죽은 문서라 할 수 있다.

지금 강의현장에 앉아 있는 후보생들은 살아 있는 인간 문서이다. 이들의 심비에 교육의 내용들이 전해져야 한다. 그리고 뇌에 기억되는 것이 아니라 마음 깊은 곳에 새겨져야 한다. 나는 뜨거운 어느 여름날, 젊은 장교 후보생들에게 짧은 만남이었지만 이들의 마음에 작은 결단을 도와준 한 사람이 되었던 것이다.

2012년 여름도 내 인생 여정에 뜨거운 여름으로 기억되면 좋겠다. 7, 8월 한여름밤 금요기도회, 온가족들과 함께 하는 수요특강, 요한계시록이 들려 주는 소망의 말씀으로 새벽기도회를 진행하고 있는데 모일 때마다 불 같은 성령의 기름부으심의 역사가 나타나기를 소망한다.

7 신실한 동반자

군선교 현장에는 군종목사와 군선교 교역자들이 함께 사역을 하고 있다. 군종목사들은 공식적인 신분과 역할, 외부 교회의 후원 체계 등을 갖추고 있는 반면, 민간인 신분의 군선교 교역자들은 신분과 역할에 있어서 한계가 있고, 경제적 사회적 지원 체계가 부족한 현실이다.

군선교사역에 헌신하게 된 소명의 동기들이 다양하고 저마다의 깊은 사연들이 있는 것 같다. 이름 없이 빛도 없이 장병들을 사랑하고 헌신하는 모습에 현역 군종목사로서 고마움을 전하고 싶다. 그러나 '열악한 사역 환경으로 말미암아 자칫 목회자로서의 정체성과 자존감이 손상되지 않을까?' 하는 염려도 있다.

수년 전부터 군선교연합회에서 실시하는 군선교교육원 과정 중 '군상담학' 강의를 하고 있다. 그들을 가까이에서 만나면서 '이분들이 원하시는 것이 무엇일까? 현역 군종목사로서 이들을 도울 수 있는 것이 무엇일까?' 고민이 되었다. 그때 한 가지 떠오르는 단어가 있었다. '신실한 동반자(faithful companioning)'이다. '군목회를 하는 동안 이분들이 갖고 있는 핵심적인 감정이 있다면 외로움이 아닐까?' 하는 생각을 해보았다. 이야기를 들어 주는 친구가 필요해 보였다. 물론 군선교 교역자들 안에서 서로 협력하고 함께 나누는 동역자들이 있겠지만, 현역 군종목사의 눈에는 외롭게 모든 짐을 혼자 짊어지는 듯한 무거움이 느껴진다. 군종목사와 경쟁의 관계도, 수직적인 관계도 아닌 서로 함께 이야기하고 마음을 나누는 우정을 통해서 사역자로서의 기쁨과 보람, 더나아가 군목회자요 선교사로서의 정체성을 확인할 수 있지 않을까? 함께 있으면 그냥 좋은 오래된 친구처럼 말이다.

수년 전, 나의 책 『내가 너를 사랑하였노라』를 읽고 독후감을 써준한 목사님의 글이다. 피드백이 민망할 정도로 고마울 뿐이다.

> 하나님의 섭리하심으로 사랑하는 십자가 군병들인 장병들을 섬긴 지 수년이 지났다. 처음 열정이 식어질 만한 기간인데 열정과 능력을 재충전할 수 있는 좋은 기회를 얻을 수 있었다는 것이 감사하다. 군선교연합회에서 주관하는 군선교 교역자 교육에 참석해서 훌륭한 교수들에게 좋은 지식을 얻게 하신 하나님의 손길은 무척이나 놀랍다. 역시 하나님께서는 군장병들을 사랑하시고 그들에 대한 크신 관심과 목적이 분명하다는 것을 새삼 깨닫는다.
>
> 특히 군장병 상담에 대한 분야는 참으로 귀하고 적절한 공부였다. 군선교 교역자 신분으로 매우 유익하고 새로운 도전을 받았다. 그중에서 『내가 너를 사랑하였노라』의 저자이신 안 목사님을 만나고 그분의 열정과 학문의 세계를 접하고는 스릴과 흥분을 느꼈다. 오랫동안 군부대 교회를 섬기면서 해이해지고 나약해진 정신과 자세를 다시 한 번 가다듬어 이전의 열정으로 섬길 것을 각오하게 만드는 시간이었다. (중략)
>
> 목사가 무능력하여 크고 좋은 교회에서 사역하지 못하고 군부대 교회에서

몇 십 명의 군인들을 데리고 목회하고 있다는 생각과 실패의식들을 날려보내기에 충분하다. "기쁨의 눈물을 흘리고 싶다"는 내용은 나의 심장 박동수를 빠르게 뛰도록 만들었다. 나는 실패한 목사가 아니라 하나님의 분명한 목적에 따라 부여하신 특권을 누리는 목사다. 행복한 목사답게 씩씩하고 자랑스럽게 군병사들을 섬기라고 마음을 두드린다. 많은 스트레스를 병사들을 사랑하는 마음으로 눈 녹듯 사라지게 만드는 저자의 활동은 "어서 돌아오라 내 아들아"라는 내용에서 발견할 수 있었다. 보는 눈에 따라서, 아니, 선입견에 의해서 병사들을 마음대로 판단하고 결정짓는 무서운 죄를 어떻게 해야 피할 수 있는지 배우게 되었다. 이 책을 통하여 병사들의 마음과 형편을 좀더 정확하게 알기 위해서 노력해야 할 것을 배웠다. 그들을 섬기는 목사로서 영혼과 몸을 더 세심하게 보살펴야 할 사명을 절감하게 되었다.

그런데 어느새 관리자 입장에서 나도 모르게 관료적으로 만나고 있는 내 모습이 보인다. 군선교 교역자들의 이야기를 들어보고 싶다. 어떻게 군사역에 동참하셨는지, 목회자로서 언제 가장 보람되고 행복한 순간이었는지, 언제 가장 아쉽고 서운했는지, 군종목사들을 어떻게 생각하고 있는지…. 가만히 앉아 서로 눈을 보며 주름살에 깃든 지나온 삶의 흔적들이 무엇인지 들으며 진정한 우정을 경험하면 내가 더 행복할 것 같다. 그리고 이 주제에 대한 논문을 쓰고 싶다. 어떤 제목이 좋을까? 준비하는 동안 '신실한 동반자'로 평생을 함께할 수 있는 의미 있는 만남이 이루어지면 좋겠다.

8 GOP에서 보내온 메시지

거의 한해 동안 휴대폰 메시지 대화를 통해서만 마음을 나누었던 GOP 대대장이 있다. 지난해, 군단 교회에서 함께 신앙생활을 하며 따뜻한 정과 깊은 영적 교감을 나누었던 '영혼의 친구'라 부르고 싶다. 군단에서 가장 분주한 작전처에서 근무하면서도 새벽기도를 사모하고, 토요일 신우 성경 공부 교사로 섬겼고, 예배가 끝나면 부드러운 눈으로 나를 한없이 긍정해 준 공감적 피드백들, 마지막 송별예배 시 그곳에서의 이 년 동안의 사역을 동영상으로 제작해 성도들과 함께 나누어 준 섬세한 사랑의 표현들, 강원도 최전방 GOP 대대장직을 수행하면서도 보내 준 장병들과 동고동락하는 일상의 메시지들, 그의 하나하나의 관심은 순례자와 같은 군종목사인 내가 받을 수 있는 최고의 선물이었다. 그가 보내 준 메시지 중에서 함께 나누고 싶은 몇 개를 공개하고 싶다(정중히 허락을 받은 내용이다.). 마지막 춘천을 떠나기 전날 함께 식사를 하자는 메시지로부터 시작하련다.

─ 목사님, 신고 잘하셨습니까? 저녁식사 예약을 하려 하는데 혹시 춘천을 떠나기 전에 드시고 싶은 것이 없으신가요?('11. 12.5)

─ 목사님, 어제 한빛 교회에서 정모참모 박 집사님과 함께 인사를 했습니다. 내일 O사단 전입신고하고 GOP로 올라가겠습니다. 기도 많이 해주세요.('11. 12.19)

─ 목사님, 대대장 취임 잘 끝내고 임무 수행 중입니다. 오늘 GOP에서 처음으로 예배드렸습니다. 은혜가 넘치는 시간이었습니다.('12.1.1)

─ 목사님, 잘 지내시지요? 휴일과 주말이 항상 평일과 동일한 이곳 GOP에서 지난 한주일 많은 일들이 있었지만 하나님의 은혜로 잘 이끌어갈 수 있었습니다. 건강하시죠? 많이 뵙고 싶네요. 목사님('12.1.9)

─ 목사님, 눈이 20센티나 왔습니다. 그래서 올해 마지막이 될지 모르는 폭설이라 눈사람도 만들고 추억의 사진도 찍고 병사들과 재미나게 치웠습니다. 힘들지만 낭만과 추억이라 생각하고 즐겁게 했습니다.('12. 3.6)

─ 목사님, 이제 봄이 오는 것 같습니다. 저는 요즘 많이 바쁘네요. 대대 GOP에 전망대 설치와 연계하여 대대 헤브론 교회 재건축을 위한 첫 삽을 떴습니다. 지난 주일에 우선 소초 군종병 모두 모여 기도로 시작했습니다.('12. 3.21)

─ 목사님, 최근 부대가 많이 바빴습니다. 저희 대대를 지원하는 OO중대 병사가 탈영을 해서 다시 잡을 때까지 엄청 바빴습니다. GOP의 일상이 너무 바빠 정신이 없어서 기도밖에는 방법이 없는 것 같습니다. 잘하겠습니다.('12. 5.16)

─ 목사님, 이곳 GOP에 드디어 헤브론 교회가 세워질 것 같습니다. 남서울 교회에서 리모델링 재정을 후원해 주실 것 같습니다. 계속 기도의 끈을 놓지 않고 하나님만 의지하겠습니다.(12. 6.11)

─ 목사님, 이곳 GOP에 헤브론 교회 리모델링이 9월 1일부터 21일 입당예배를 목표로 시작될 예정입니다. 그리고 이곳 GOP 철수는 O월말에 합니다. 무사고로 마무리 잘하기 위해 전력을 다하고 있습니다. 제가 내려가면 꼭 한 번 놀러오세요.('12. 8.25)

— 목사님, 잘 계시죠? 드디어 오늘 이곳 GOP에 헤브론 교회 리모델링 기공예배를 드리고 공사가 시작되었습니다. 얼마나 감격스러웠는지 모릅니다. 이 모두가 목사님과 사모님의 기도가 있었기에 가능했습니다. 9월 21일 입당예배 예정입니다. 과정이 순탄하고 하나님의 성전이 지어지도록 계속 기도해 주세요.('12. 9.3)

— 목사님, 하나님의 은혜로 오늘 십자가 선교회 십자가 설치를 끝으로 모든 준비가 끝이 났습니다. 창문 너머로 보이는 평화의 댐이 바라보이는 아름다운 교회 입당예배가 내일 오전 11시 군단 교회 목사님의 인도로 진행됩니다. 아름다운 영상도 만들었구요. 기도해 주세요. 내일 저 눈물이 많이 날 것 같은데 어떡하죠? 참지 말고 하나님이 감동 주시는 대로 해야겠지요? 그리고 지금 너무 행복합니다. 또 감사합니다.('12. 9.20)

지휘관에게 인정받고 부하들에게 존경받는 군인, 감정적 차원까지 자녀들과 대화를 나눌 수 있는 다정한 아빠, 기도의 동역자인 아내를 얻은 남편, 그 무엇보다도 벼랑 끝에 서 있었던 자기를 하나님께서 세워 주심에 감사하며 하루하루를 성실하게 살아가는 모습을 한해 동안 가까이에서 확인할 수 있었다. 그후로 한해 동안 GOP에서 보내 준 몇 마디의 글 속에서 그곳에서도 하나님을 기쁘시게 해드리는 삶을 살아가고 있는 모습이 자연스럽게 그려진다. 목사인 내가 본받고 싶은 그리스도를 닮은 내 평신도 친구 집사님, 생각만 해도 흐뭇하고 기분이 좋아진다. 난 감히 바로 그 지휘관을 영성과 감성, 그리고 실력과 인격이 겸비된 하나님의 사람이라 말하고 싶다.

9 이야기를 찾았을 때

오늘도 수많은 이야기들이 다양한 형식과 매개체를 통하여 전해지고 있다. 디지털 시대에 사람들은 기계적인 것에 염증을 느끼고 더욱 감성적이고 마음이 움직여지는 이야기를 찾고 있는 것 같다. 목회자로서 나의 행복은 바로 그런 이야기를 찾았을 때 더해진다. 요즈음 지나간 시간 속에서 나와 함께했던 장병들과의 만남을 찾아 하나의 이야기로 남기고 있는 글쓰기도 이런 행복을 찾고자 하는 열망이라 할 수 있다. 우리의 모든 경험은 아무리 사소하고 어리석을지라도 소중하고 아름다운 것이라 믿는다.

지난주 수요일, 북한산 기슭에 있는 부대의 특권이라 할 수 있는 일상 가운데 하나인 산을 오르는 소재를 갖고 믿음의 사건과 연결하여 구역 주관 수요예배 시간에 여집사님께서 발표한 '3분 이야기'를 소개하고자 한다.

요즘 산을 보면 서서히 단풍이 들기 시작했고 등산하기에 좋은 날씨인 것 같습니다. 이곳에 와서 열 번 정도 등산을 한 것 같은데 오를 때마다 새롭고 신비로웠습니다. 우리의 인생도 다 산에 있는 것 같습니다. 산을 오르며 믿음생활과 연계해 느낀 점을 이야기할까 합니다.

산으로 출발하기에 앞서 그 높이를 보지만 높이가 잘 보이지 않듯 하나님 앞에서의 우리의 인생도 한치 앞길을 볼 수 없습니다. 그분이 계획하신 내 앞길을 누가 알겠습니까?

우리는 산을 오르기 위해 물, 지도, 나침반, 스틱 등 여러 가지를 준비합니다. 믿음의 산을 오르는 자는 영적 전투를 위해 전신갑주를 취해야 합니다.

산길은 좁습니다. 둘이 손잡고 오를 수 없듯이 믿음의 길도 그 소망을 따라 혼자 가야 합니다. 때로는 주님이 잡아 주시기도 합니다. 또 뛰어갈 수도 없습니다. 한 발짝 한 발짝 내딛어야 정상으로 향할 수 있습니다. 이렇듯 우리는 하나님을 앞설 수 없습니다. 한 발 한 발 하나님이 열어 주시는 세상으로 나아가야 합니다.

산중턱쯤 올라 뿌연 안개를 만났을 때 우리는 당황하게 됩니다. 주변이 잘 보이지 않다고 해서 포기하거나 하나님이 안 계시다고 의심할 때도 있습니다. 때로는 길을 잃어버리기도 합니다. 판단이 서지 않을 때도 있습니다. 그러나 어둠 속 안개 속의 빛 되신 주님을 따라가면 길 잃을 염려가 없습니다. 순종한다면 태산도, 험곡도 두렵지 않습니다.

드디어 정상에 올랐습니다. 고난을 이기고 승리한 것입니다. 정상은 공기부터 다릅니다. 그렇듯 믿음의 산 정상에는 성령의 바람이 있습니다. 성령충만을 사모하는 믿음의 권속들이 되었으면 좋겠습니다.

이제 산을 내려옵니다. 가방이 가볍고 발걸음이 활기찹니다. 아는 길이라고 해서 뛰어가거나 앞서가는 것은 우리의 교만한 행동입니다. 넘어져다칠 뿐입니다. 안전하게 산을 내려오듯 믿음의 산을 내려와 평안함과 기쁨으로 가득찬 순간을 맞이할 것입니다.

수십 번 수백 번 믿음의 산을 올라야 하는 인생의 굴곡에서 어렵다 힘들다 포기하지 아니하고 주님만 바라보며 인생의 등반, 믿음의 등반을 하여 모두 다 승리하면 좋겠습니다. 단풍 물든 산처럼 우리의 믿음도 우리의 영혼도 풍요로웠으면 합니다.

이제 산을 오를 때 이 이야기가 생각날 것 같다. 이야기를 듣는 동안 이번 주말에 단풍이 든 10월 가을 산을 올라가야지 하는 마음이 찾아왔다. 그리고 인내로 믿음의 정상을 올라가야지 하는 다짐도 해보았다.

이처럼 이야기는 사람들의 마음을 감동하고 반응하게 하고 세상을 아름답게 변화시켜 나가는 힘이 있는 것 같다. 우리가 작은 이들의 벗이 되고 싶어 하는 것도 텔레비전에서 다큐멘터리를 봤을 때의 감동이며, 설교자의 한 편의 설교를 들었을 때 받았던 여운이 생겼기 때문인 것처럼 말이다.

나는 오늘 설교라는 도구로 하나의 이야기를 준비하고 있다. 분명 오래전에 성령의 영감에 의해 기록된 이야기이지만, 예배 가운데 전해지고 듣는 순간 성도들과 형제들의 마음에 감동과 여운을 남길 수 있는 살아 있는 이야기가 되었으면 한다.

나는 매주일 사랑하는 성도들에게 마음에 들려지는 이야기를 하고 싶다. 마음에 복음 이야기가 차곡차곡 쌓여 먼 훗날 꼭 한 번 찾아오고 싶은 추억이 있는 교회로 기억되면 좋겠다. 다음 주 3분 이야기가 기다려진다.

10

하나님과 함께 그리는 그림

최근 페이스북에 올라온 감동적인 글을 소개하고자 한다. 2007년 군종 목사의 공백이 있었던 여단 교회를 6개월 동안 사역할 때 "체구는 작지만 어딘지 모르게 큰 포스가 느껴졌던" 한 군종병 출신 형제의 글이다.

지방에 있는 H대학을 졸업하고, 의과대학에서 공부하다가 '머시십(mercy ship)' 사역에 참여하고 마무리하면서 자신의 심정을 표현했다. 인터넷에서 머시십 사역에 대하여 검색해 보니 다음과 같은 사역이었다.

머시십 사역은 초교파 국제 선교단체로서 국제본부는 미국 텍사스에 있다. 1978년 선박 아나스타시스를 구입하여 선박 내에 수술실과 입원실을 갖춘 병원선박으로 개조하여 사역을 시작했으며, 현재 약 1,000여 명의 사역자들은 월급을 받지 않는 자원봉사자로서 세 척의 선박과 세계 16개국의 지역 사무실에서 각자의 은사와 재능을 따라 일하고 있다. 주로 하는 사역은 의료(안과, 얼굴기형성형, 정형외과, 치과수술 등), 보건 위생교육, 위족 제작·공급, 지역사회 개발, 화장실 개조, 관개수로 공사 등이다. "예수님을 본받기를 열망하며 이를 추구한다."는 소명을 가지고 하나님을 사랑하고 타인을 사랑하고 섬기며, 성실한 사람으로서 자기가 맡은 자리에서의 직분을 다하는 사람을 요구한다. 머시십은 단기 1개월부터 1년 미만, 장기 2년 이상의 사역을 할 자원봉사자를 구한다. 이 군종병은 머시십 사역에 자원봉사자로 참여했다가 마치면서 다음과 같은 글을 남기고 있다.

두 사람이 똑같이 피아노를 칩니다. 한 사람은 그저 피아노를 치고 있습니다. 그냥 때리고 있다는 말이 더 적절하겠죠. 그건 '음악'이 아니라 그냥 '악'입니다. 그런데 다른 한 사람은 피아노를 연주하고 있습니다. 거기에서 너무나도 아름다운 선율이 흘러나옵니다. 같은 손가락으로 같은 건반을 누르지만 만들어내는 소리는 다릅니다. 한쪽은 악이고 한쪽은 음악입니다. 무엇이 이런 차이를 만들어내는 것일까요? 바로 소리들 간의 관계를 아는 것입니다. 하나하나의 소리도 중요하지만, 그 소리들과 어떻게 조화를 이루게 될지를 아는 것은 음악을 만들어낼 때 너무나도 중요합니다. 건반과 건반의 관계를 아는 것, 그 관계가 만들어내는 결과를 아는 것, 그런 앎이 음악을 만듭니다.
올 한해 내게 주어진 많은 일들이 있었습니다. 그리고 하나하나가 각자의 소리를 내고 있습니다. 이 하나하나의 소리가 어떻게 조화를 이룰 수 있는지 들을 귀가 없다면, 그런 관계를 볼 수 있는 지혜 속에서 이 소리들은 아름다운 음악이 될 것입니다. 내 삶의 조각들이 하나로 맞춰지며 아름다운 그림이 되는 모습은 상상만으로도 절 행복하게 만듭니다. 이제 한주만 있으면 아프리카를 떠납니다. 그런데 아직도 이곳에서 생활하고 있는 내가 낯설게 느껴질 때가 있습니다. 잠을 자다 눈을 떴는데 아프리카에 있는 그런 느낌입니다. 내가 여기에 왜 있는지, 왜 하필 이 시기에 이곳으로 인도해 오셨는지, 이 경험이 나를 향한 그분의 큰 그림에서 어떤 조각으로 끼워 맞춰질지 아직은 잘 모르겠습니다. 그래서 묻고 있습니다. 그 큰 그림을 너무 보고 싶습니다.

그러나 이런 일이 가능하려면 그 큰 그림을 보고 계신 하나님을 만나야 합니다. 그분과 교제해야 합니다. 그것이 먼저입니다. 그래야만 파편화되어 있는 내 삶의 조각들이 하나가 될 수 있습니다. 각각의 자리를 찾게 됩니다. 젊음도, 지식도, 사랑도, 우정도, 공부도, 취미도, 휴식도, 노동도, 과거도, 미래도…. 각자에게 맞는 자리를 찾아 하나님의 만드신 음악의 일부가 됩니다. 그래서 하나님을 아는 것이 지혜의 근본이라 하는 것 같습니다. 하나님이 가진 큰 그림 속에서 나를 보고 이웃을 보고 내게 주어지는 사건들을 이해하는 것, 그저 주어지는 것만 같은 하루의 일상을 큰 그림 속에서 이해하고 살아내는 것, 그것이 지혜인 것 같습니다. 지금 내게 이런 지혜가 필요합니다.

하나님과 함께 인생의 그림을 그리고 싶어 하는 청년의 이야기가 잠잠했던 나의 가슴을 뛰게 한다. 지금 나의 이 모습도 하나님의 큰 그림 속에 있는 한 폭의 장면임을 다시 깨닫게 된다. 2012년의 한 장면도 그려지게 될 것이다. 먼 훗날 나의 완성된 그림을 보고 "참 좋다" 하시며 미소지을 하나님의 얼굴을 상상하며 오늘도 기도하고자 한다.

그리스도에게 헌신된 바로 그 병사를 통해서 당시에 동료들에게 좋은 영향력을 주었던 것처럼, 지금 공부하고 준비하는 과정 중에도, 의사가 되어 사회에 영향력 있는 위치에 있을 때에도 그의 삶이 아름다운 피아노 음악이 되어 주위의 많은 사람들을 감미롭게 하고 세상을 따뜻하게 하는 아름다운 선율이 되리라 확신한다. 예수님께서 이 땅에 사랑의 빛으로 오신 것처럼.

11

상담은 기법이 아닙니다

2006년 그 어느 해보다 뜨거웠던 8월, 2002년 이후 다시 개설된 군종부사관 교육을 실시하였다. 8월은 유난히 강의가 많다. 학군장교 후보생 강의 지원, 부관, 헌병, 경리, 정훈 초군반 강의 지원, 게다가 동의 다산 부대 교육 지원 등 대부분의 시간을 강의실에서 보내야만 했다. 그러나 내 마음속에는 '뿌듯하다, 행복하다, 참 좋다, 재미있다'라는 감정의 언어들이 떠오르고 있었다. 같은 메뉴얼로 강의를 진행하고 있지만, 내 자신이 늘 처음 사람들을 만나는 것처럼 신선함과 기대의 마음을 가질 수 있었다. 가만히 생각해 보니 내가 가장 좋아하는 일 중에 하나인 것이다. 목도 아프고, 다리가 저려왔지만 그때, 거기에서 느꼈던 교육생들의 "A-Ha" 하고 깨달은 듯한 눈빛은 지금도 내 마음 한구석에 흐뭇함으로 남아 있다.

상담기법 강의시간에 "상담은 기법이 아닙니다"라고 하며 강의하는 교관을 이해해 주고 공감해 주는 받아들임을 경험할 수 있었다. 가르치는 자만이 느낄 수 있는 기쁨을 충분히 경험하는 시간이었다. 글로 쓴 몇 사람의 이야기를 적어본다.

상담에 대해 관심과 배우는 중에 있는 군종부사관은 다음과 같이 이야기했다.

상담기법 시간에 경험한 감정은 흥분되었다. 집단상담의 기술과 목사님의 진행과정 하나하나를 눈여겨보면서 좋아하고 관심 있는 과목이라 그런지 더욱 기쁘고 흥미로웠다.

처음부터 상담이란 나와는 맞지 않는 것이라 생각했던 한 군종부사관은 다음과 같이 이야기했다.

자신의 감정을 이야기한다는 것이 쑥스럽고 나와는 거리가 먼 교육이라고 생각을 했습니다. 상담이라는 것이 무엇인지 타인의 이야기를 내 이야기인 것처럼 말하는 것이 어떤 의미인지 어떤 효과가 있는지 알게 되었습니다. 모르던 것을 받아들이지 못해 어려울 것이라는 생각이 '아, 이것이구나!' 하는 생각으로 바뀌면서 '그럼 나도?'라는 도전까지 나오게 되었습니다.

타병과에서 군종행정관(불교)으로 보직을 변경한 행정관은 다음과 같이 이야기했다.

내 감정을 솔직히 말함으로 홀가분한 생각이 들며 피드백을 통하여 내가 알지 못했던 감정들을 알게 되었다. 또한 과거나 미래에 얽매이지 않고 지금 현재 나의 느낌 표현을 통해 자아의 존재감을 느낄 수 있었으며 나의 부정적인 부분보다 긍정적으로 많은 부분을 선택하여 받아들일 수 있었다. 비슷한 환경에 있는 행정관들이 모여 서로의 경험을 말하고 지금 여기에서의 감정 표현, 피드백을 통해 상담을 해본 결과 나도 모르는 사이 아픔의 감정들이 치유가 되었다. 군 특성상 상위 계급과 하위 계급이 일 대 일 상담이 아닌 집단 안에서 편안한 분위기 속에서 이야기가 시작될 때 우리의 마음들을 더 쉽게 내어놓을 수 있을 것 같다.

나의 옛 과거의 일들이 스스로가 아닌 타인을 통해 다른 이들에게 알려진다는 사실이 두려움과 수치스러움이 더한 느낌이었다. 한 마디로 나 자신에 대한 수치심이었다. 평소 나 자신에 대한 감정 표현에 어색해 했고 감정을 숨기고 사는 것이 일상이 된 나에게는 감정을 표현하기란 무척 어려운 과제였다. 이 시간을 통해 나 자신이 자각하는 의식에 문제가 있다 생각되고 더욱 건강한 의식을 위해 노력이 필요하다는 것을 알게 되었다.

최근 나에게 과제가 생겼다. 야전에서 상담기법에 대한 메뉴얼, 상담은 이렇게 해야 한다는 기법 강의를 많은 지휘관들이 요구하고 있는데, 위에서 서술했던 감정에 대한 경험들을 어떻게 이론적 언어로 설명할 것인가? 상담은 경험인데, 그것도 지금—여기에서 느껴야만 하는 체험학습인데 내가 경험한 뿌듯한 감정들을 어떻게 해야 간접적으로나마 느끼게 할 수 있을까? 늦더위가 아직 가시지 않은 끝자락에 깊이 생각해야 할 과제이다.

힐링

밀리터리
Healing military

네 번째 이야기

기 쁨

사랑을 주고 싶어도 줄 수 없을 정도로
사랑의 탱크가 비어갈 때가 있다.
그럴 때 다음과 같은 편지를 받을 때면
새로운 사랑의 물이 공급되어 힘을 얻었던 것 같다

1 한 사람의 예배자

나의 네 번째 군종목사 사역지는 서울 하늘을 지키는 수방사 방공단이었다. 서울 도심 곳곳의 진지를 순회하면서 격려하는 일이 주된 사역이었다. 수십여 곳에 흩어져 있는 장병들과 얼굴과 얼굴을 맞대고 만나기란 시·공간적으로 제한되었다. 그래서 무엇보다 장병들과의 첫 만남의 중요하다는 것을 깨닫게 되면서부터 단본부에 2박 3일 동안 전입하여 대기하는 신병들을 수요예배 시간에 초청하여 '이야기가 있는 열린예배'를 드렸다. 몇 가지의 질문을 통해서 이야기할 수 있는 기회를 주고 선물과 함께 안아 주면서 신병들을 환영했다. 그리고 외부 교회의 도움으로 분기별로 책을 위문받아 흩어져 있는 장병들의 진지와 생활관에 분배한 후에 독후감과 편지를 통하여 장병들을 만날 수 있었다. 짧지만 가슴으로 만났던 첫 만남 시간의 편안함이 장병들로 하여금 마음을 열고 편지를 쓸 수 있도록 한 것 같다.

병사들로부터 약 160여 통의 편지를 받았다. 편지를 읽다보면 깊이 있는 대화와 마음의 안정이 필요한 병사들의 이야기가 발견된다. 이 중에 십여 명을 선정하여 '예비 아버지학교'라는 집단상담 프로그램을 통하여 만나기도 했다. 이렇게 만난 병사들은 대부분 조건 없이 받아 줌, 기다려 주고 들어 줌, 함께 있어 주며 해주는 격려와 지지, 엄마보다 더 큰 품어 주는 사랑이 필요한 병사들이었다. 지금 군종병과에서 주도적으로 시행하고 있는 비전캠프 프로그램이라 할 수 있을 것이다.

그런데 사랑을 주고 싶어도 줄 수 없을 정도로 사랑의 탱크가 비어 갈 때가 있다. 그럴 때 다음과 같은 편지를 받을 때면 새로운 사랑의 물이 공급되어 힘을 얻었던 것 같다.

목사님, 안녕하세요. 저는 OO 진지 최OO입니다. 오랜만에 펜을 듭니다. 기쁜 성탄절은 하나님의 은혜 아래 잘 보내셨으리라 생각됩니다. 저희 진지도 즐겁게 예수님의 탄생을 기뻐했습니다.

목사님, 저희 진지는 발칸, 천마 모두 열한 명입니다. 그 중에 일곱 명이 주일날 저녁에 모여서 예배를 드리고 있습니다. 부족하고 작은 모임이지만 하나님께서 저희들의 예배를 기쁘게 받아 주실 줄 믿고 열심히 예배드리고 있습니다. 하나님에 대해 잘 모르던 병사가 조금씩 하나님을 궁금해 하고 다가가는 모습을 보면 참 감사하더라고요. 저도 부족하지만 하나님께 맡기고 예배 준비를 위해 최선을 다하고 있습니다.

목사님, 저희를 위해 기도해 주세요. OO 진지가 인원이 교체되더라도 이곳에서 주님께 드리는 찬양이 끊이지 않도록, 그리고 제가 제대 전까지 백일 남았는데, 그동안 이 작은 사역에 저의 모든 것을 바칠 수 있도록 말입니다. 하나님께서 저희들의 마음을 감찰하여 주실 줄 믿습니다.

목사님, 목사님을 볼 때면 그 모습 속에 그리스도의 기쁨이 자연스럽게 느껴집니다. 내가 그리스도인이라 말하지 않아도 행동과 언어에서 풍겨나는 주님의 향기가 너무 좋습니다. 그리고 대천 사격 갈 때 주신 과자, 기차

안에서 맛있게 먹었습니다.

　목사님, 항상 저희들에게 관심 가져 주시고 항상 격려해 주셔서 감사합니다. 새해에도 저희들을 위해 신앙의 길잡이가 되어 주세요. 기대하겠습니다.

　P.S 일 년 지켜 주심 감사합니다. 제대하는 날까지 건강히 지켜 주시고 전역해서도 주님의 사역을 잘 감당할 수 있도록 능력 주옵소서(01. 12. 28).

　그리고 이 병사는 편지봉투에 만 원짜리 한 장을 넣어서 감사헌금으로 하나님께 봉헌했다. 십 년 전 연말에 받은 가장 큰 선물이었으리라 회상된다.

　군종활동의 궁극적 목표가 무엇일까? 장병들을 위문하고, 찾아가서 이야기를 듣고자 하고, 때로 외부의 도움을 받아 과자와 책을 나누어 주는 이유는 바로 이러한 한 명의 예배자들을 찾고자 함이다. 분명이 병사는 지금 사회 어느 한 곳에서 하나님이 기뻐하시는 자가 되어 충성되이 그 사명을 감당하고 있을 것이다. 특별히 각 부대와 동료들과 교회를 섬기는 군종병들의 진정성 있는 헌신이 보고 싶다.

2 군인 아파트의 행복

　　동기 군종목사 중에 십여 년의 장기 복무를 마치고 미국에서 목회하시는 분이 있다. 훈련받을 때부터 성실하고 진실하고 영성과 실력이 남달라 가까이에서 많은 것들 배웠고 도전이 되었다. 군종목사 사역을 하면서 수시로 군선교 소식지를 직접 제작하여 황금어장인 군대를 소개하고 자랑하는 그 열정은 지금도 그분과 만난 사람들의 가슴속에 따뜻하게 남아 있을 것 같다. 목양실에서 북한산과 우리 백운 아파트를 보면서 오래전 바로 그 목사가 쓴 "군인 아파트의 행복"이라는 글이 생각이 났다.

　　우리 군인 아파트는 열다섯 평, 작은 방 두 개와 거실, 주방, 엘리베이터가 필요 없는 5층 건물입니다. 군인 아파트의 특징은 지은 지 십오 년 이상의 노후된 건물이 많다는 것, 산속이나 외진 곳에 떨어져 달랑 두세 동이 있다는 것, 그리고 관리가 잘 되지 않아 시설이 허름하다는 것입니다. 성장한 자녀들이 있는 집들, 특히 성별이 다른 경우에는 두 방을 모두 아이들에게 내주고 본인들은 거실에 방을 만들어서 지냅니다. 군인 가족들이 겪는 많은 애로사항 중 하나입니다. 주거의 문제는 군인들이 사회의 친구나 동기들을 만나고 올 때마다 늘 비교가 되고 주눅이 드는 부분입니다. (중략)

자주 이사를 다녀야 하는 군인들은 아무도 자기가 있는 곳에 정을 두지 않습니다. 일 년에서 이 년이 지나면 명령을 받고 다른 곳으로 이동할 것을 준비하기 때문입니다. 명령에 따라 움직이는 군인, 저는 이곳 군대에서 천명에 살고 천명에 죽는 인생을 배웁니다. 영원한 나라에 이르는 날까지 이 땅에서 내가 머무는 것은 잠깐이고, 하나님이 주시는 완전한 안식을 누리기 전에는 참 평안이 있을 수 없다는 것, 집을 짓지 않는 광야 인생길에서 행복은 내가 원하는 것을 소유함으로 얻어지는 것이 아님을 깨닫습니다.

우리나라 사람들은 집에 대해 남다른 애착을 가지고 있습니다. 어디선가 "평생 고생해서 번듯한 집 한 채 장만한 후 자식에게 물려 주고 가는 것이 한국인의 일생"이라는 글을 읽은 적이 있습니다. 목회를 하면서 새 아파트로 입주하는 가정에 여러 번 심방을 갔었는데 그렇게 감격하던 분들이 육 개월 정도 지나면서 더 큰 평수에 주눅이 들어 불행해 하는 모습을 보았습니다. 새 차를 사고 기도해 달라고 찾아오는 교우들이 그렇게 좋아하다가도 옆집의 더 큰 차를 보고 자존심 상해 하는 모습, 군대에서 최고선(最高善)이라고 하는 진급 축하를 받고 기뻐하다가도 또 다시 다음 번 진급을 걱정하는 모습을 봅니다. 어쩌면 아파트 평수를 늘리다가, 조금 더 큰 차로 바꾸다가, 계급장만 바꿔 달다가 가는 것이 인생이 아닌지….

아내는 내게 늘 이렇게 말합니다. 당신은 군종감이 되기 위해 일하지 말고 지금 군종감처럼 일하라고. 장군을 부러워하지 말고 지금 여기서 장군의 자부심과 사명감을 가지고 일하라고.

내가 선 이 자리, 두 번 거쳐 갈 수 없다는 생각으로 행복하게, 후회 없이 일하려고 합니다. 좁은 공간에서 아이들과 함께 부대끼는 이 순간을 내 인생에서 다시 맛볼 수 없는 소중한 시간으로 만들어 가려고 합니다. 우리는 지금 이 열다섯 평 아파트가 가장 행복한 궁궐이라고 믿으며 삽니다.

우리 부대는 7동 중에 6동이 열다섯 평짜리 군인 아파트이다. 이번 겨울은 추워 "여기가 군인 아파트구나." 하는 것을 경험했다. 하지만 지난 몇 주 동안 열다섯 평에 거주하는 교회 식구들을 심방하면서 행복은 아파트 평수의 문제가 아니라는 것을 새삼 깨닫게 되었다. 가정마다 아픔과 말 못할 고민과 상처가 있지만, 예수님 안에 있는 가정들은 따뜻함과 편안함이 느껴진다.

지난 수개월 동안 정신없는 부대 업무로 몸과 마음이 지친 남편들을 사랑으로 환대하고 "당신 최고야!"라고 말해 주는 아내와 자녀들 때문에 "그래도 우리는 행복합니다."라고 말하는 가정들이 되기를 소망한다. 자녀 교육문제로 홀로 거주해야 하는 기러기 가정에게는 더욱 넘치는 주님의 위로와 사랑이 함께하기를 기도한다.

뜻밖의 편지

　　원주에 있는 사단 신병교육대 사역을 마치고 춘천 2군단 사역을 시작하면서 뜻밖의 편지를 받았다. 낯선 주소, 낯선 이름의 여성의 필체였다. 원주 신교대 사역 마지막 기수로 수료한 한 병사의 여자친구였다.

　　안남기 목사님께
　　안녕하세요!!! ○○이 여자친구예요. 오늘 ○○이가 면제 신청 때문에 신분증과 도장을 가지러 집에 왔었어요. 얼굴을 볼 수 있어서 너무 기뻤어요. 목사님 생각이 나서 이렇게 늦게서야 펜을 들었습니다. 그동안 목사님께서 ○○이에게 용기와 희망, 많은 관심을 주셔서 군생활에 빨리 적응하고 견딜 수 있었던 것 같아 이 고마움을 편지로 적어 보내게 되었어요. 뭐라고 감사를 해야 할지…. 자주는 모르겠지만 종종 편지 드릴게요.

　　남자친구의 아버지를 간호하며 결혼을 약속한 여자친구였다. 군 면제 관련 서류를 준비하는 것을 보니 가정형편이 꽤 좋지 않았던 것 같다. 지금도 정확히 얼굴은 기억나지 않지만 둥그런 얼굴에 작은 키, 설교를 들으면서 꿈틀거리는 그 병사의 눈빛이 어렴풋이 기억이 난다. 그 병사는 자대 배치 받기 전 부대 보충대에서 대기하면서 다음의 편지를 보냈다. 교회에 다녔던 경험도 없었지만 신교대 교회에서 5주간 예배시 간마다 작은 마음의 감동이 있었던 것 같다. 그리고 마지막 수료예배 시에 동기들과 함께 특송도 했다.

77번 훈련병, 정OO입니다. 이젠 이병 정OO이 되었습니다. 기억하시지 요? 어제 수료식을 마치고 군지사로 오게 되었습니다. 목사님께서도 다른 곳으로 가셨겠습니다. 이곳은 훈련소와 많이 다른 것 같습니다. 일주일 동 안 쉬었다 가는 곳이라 그런지 무척이나 자유롭게 생활하고 있습니다. 물 론 사회에 있을 때처럼은 아니지만 텔레비전도 볼 수 있고, P. X도 이용할 수 있고, 특히 전화가 가능해서 가족과 애인의 소식 등을 알 수 있어 행복 합니다. 사소한 것일 수 있지만 지금은 무척이나 행복합니다.

여기에서 여유가 생겨서 그런지 목사님께서 저에게 주신 『내가 너를 사 랑하였노라』를 어젯밤부터 틈틈이 읽고 있습니다. 어제 이 책을 읽으면서 훈련소에서 일요일마다 교회에 나가 들었던 목사님의 말씀이 이 책에 다 담겨져 있다는 것을 느꼈습니다. 그리고 박카스 선전 아버지와 아들 이야 기의 뒷부분을 읽으면서 왠지 모르게 가슴이 뭉클했습니다. 아버지 어머 니 생각도 났습니다. 또 책을 읽으면서 저의 마음도 긍정적으로 점차 바뀌 는 듯했습니다. 제가 살아오면서 책과는 거리가 멀어 책을 읽어본 적이 없 었습니다. 이 책을 읽으면서 편안해지고, 목사님의 말씀들이 떠오르며 마 음이 따뜻해져 좋은 것 같습니다. 93페이지 "군복을 입은 목사의 특권" 까지 읽었습니다. 제가 전부 이해는 못하겠지만 이 책을 다 읽고 나면 앞 으로 군생활 하는 데 많은 도움이 될 것 같습니다. 목사님이 보고 싶습니 다. (중략)

목사님, 새로이 근무하는 곳에서도 저와 같은 장병들에게 많은 위로와 격려를 부탁드립니다. 아버지와 애인이 많은 걱정을 하고 있습니다. 매일 자기 전 기도해 보고자 합니다. 아직 서툴고 어색하지만 그렇게 해보려 합니다.

편지를 쓰기 전 목사님께 하고 싶은 말이 많았는데 막상 펜을 들고 쓰다 보니 잘 생각이 나지 않습니다. 제가 군에 들어와서 처음 해본 것이 있다면 그 중에 하나가 편지 쓰기입니다.

목사님, 항상 감사하다는 말밖에 드리지 못하는 이등병 정○○입니다. 항상 기억해 주십시오. 그리고 지켜봐 주세요. 샬롬.

이 편지는 2년 동안 훈련병들을 대상으로 실시한 매 기수 자살 예방 교육 후에 훈련병들의 마음의 이야기를 쪽지로 받은 후에 그 중에서 십여 명을 선정하여 수료 전날 집단상담을 실시했던 선택과 집중의 사역, 그리고 복음적 설교에 대한 확신, 무엇보다 젊은 세대를 향한 열려진 마음으로 다가갔던 열정에 대한 아름다운 결실이었다. 이렇게 다시 이야기할 수 있어 기쁘고 감사할 뿐이다.

4   소중한 사람

 우연히 서점에 들러 펼쳐본 한 권의 책 『해피버스데이』 (아오키 가즈오 지음)를 장병들이 읽으면 좋겠다는 생각에 위문품으로 장병들의 생활관과 진지에 보낸 적이 있다. 그리고 군종부에서 독후감을 공모하여 선발된 장병들과 함께 '예비 아버지학교'를 진행하였다. 지금의 '비전캠프'라 할 수 있다. 독후감의 내용을 보고 군종목사가 선정했다. 이 년 가까이 사역한 부대의 사역을 마무리하면서 흐뭇한 편지 한 장을 받았다.

따스한 기운이 한껏 맴돌고 봄내음이 풍기는 4월의 화창한 셋째 주 일요일입니다. 제가 목사님을 처음 뵙던 날도 일 년 전 이즈음이 아닌가 싶군요. 그땐 참 두려운 마음에 잔뜩 주눅 들고 기가 죽어 있었는데…. 그런 이등병이 벌써 후임병을 꽤나 거느리는(?) 선임병이 되었답니다. 하하!!!

몇 주 전 기분 좋은 공문 한 부를 받게 되었습니다. 바로 목사님께서 기안하신 '제5기 아버지학교'에 관한 내용이었습니다. 전출 가시는 목사님을 뵐 기회가 없을 거라고 포기하고 있던 저였는데 이렇게 한가닥 희망이 생겼다는 게 얼마나 기쁜지 몰라 이렇게 글을 올립니다.

저는 이번에 『해피버스데이』를 읽었습니다. 책을 구하는 데만 꼬박 일

주일이 걸렸습니다. 저희 대대가 창설부대라서 그런지 책이 없어 예전에 동고동락하던 우리 군수과 생활관에 협조를 구했습니다. 그리고 그 책을 읽고 난 소감은 이렇습니다.

열한 살 아이의 마음속 깊은 상처, 그것은 세상에 자기 혼자라는 외로움일 것입니다. 오빠보다, 남보다 못하기에 아무도 관심을 가져 주지 않는 이 세상을 등지고 마음을 굳게 닫아버린 아스카. 그 아이의 심정은 곧 주변의 '왕따'라는 이름으로 따돌림을 당하고 '명퇴'라는 명목으로 물러나야 하는 우리의 현실임을 깨닫게 되었고 주인공인 아스카가 역경을 딛고 시련을 극복해 나가는 과정에서 저는 삶에 대한 새로운 안목과 지표를 찾을 수 있었습니다. 목소리를 잃어버릴 정도의 고통과 자신의 존재가치를 상실한 현실 하에서 모두에게 축복받는 열두 번째 생일을 맞게 되기까지에는 '함께'라는 믿음이 있었던 것입니다. 태어났다는 것은 분명 필연적인 이유가 있습니다. 아무 의미나 가치가 없는 삶은 그 누구에게도 존재하지 않습니다.

책을 읽으면서 문득 그런 생각을 했습니다. '과연 나도 그렇게 소중한 삶을 살았던 것일까?' 하지만 주저없이 정답은 하나! 소중한 것이었습니다. (중략) 솔직히 지금까지의 삶에 아픔도 있었습니다. 아스카처럼 사람들의 관심 밖에서 살아가기도 했고, 준코처럼 따돌림을 당한 적도 있었지만 아스카가 할아버지, 할머니께 배운 용기와 사랑으로 삶의 의미를 찾았던 것처럼 저 역시 그 소중한 깨달음을 얻으려 합니다. 문득 목사님 말씀이 생각납니다. "당신은 사랑받기 위해 태어난 사람입니다." 죄송스럽게도 저는 그 말씀을 이제야 가슴 깊이 느껴집니다.

목사님! 저도 지금까지의 제 자신만을 위한 삶에서 벗어나 남을 위한 존재로 살아보길 원합니다. 사랑받기 위해 태어났고 사랑받고 있으니 그 사랑을 받지 못하는 누군가에게 나누어 줄 수 있는 삶을 살고 싶습니다. 그것이 진짜 사랑이 아닐까 합니다. 아무쪼록 목사님 항상 건강하시고 행복하시기를 두 손 모아 기도드릴게요. 샬롬!!!

이 병사와 함께 서울 하늘을 지키는 부대에서 마지막 '예비 아버지 학교'를 진행할 수 있었다. 따뜻하고 깊이 있는 이야기를 함께 나눈 것으로 기억된다. 종교는 달랐지만 나에게 열린 마음으로 다가와 나를 좋아해 주었던 바로 그 병사, 생각만 해도 기분이 좋아진다. 전역을 하고 아버지학교 카페에 찾아와 흐뭇한 이야기를 남기고 있다.

이 년 반이라는 시간동안 공무원이라는 수험공부에 정신없이 매달리다 보니 잊고 지냈습니다. 그리고 합격한 이제야 찾아뵙게 되어 정말 뭐라 드릴 말씀이 없네요. 목사님과 사모님 그리고 자제분들은 어떻게 건강히 잘 계시는지요? 전 이번에 공군 군무원에 합격해서 OO비행장에 임용되었습니다. 조만간 한 번 찾아뵙고 인사드리고 싶어요! 바쁘시겠지만 시간 한 번 내주셨으면 합니다. 건강하세요.

전역 후에 한 번 볼 수 있었다. 그후에 찾아오지 못해도 이렇게 시간이 지난 후 보고를 해준 바로 그 병사! 군종목사 사역의 큰 보람과 기쁨으로 느껴진다.

5   진정한 승리자

수방사 방공단 승리 교회에서 사역할 때의 일이다. 격년 제로 수방사 직할 부대가 참여하는 사령부 체육대회가 열렸다. 종목은 축구, 농구, 줄다리기였다. 방공단은 부대 임무 특성상 진지 및 소규모 단위로 흩어져 근무하는 부대이다. 우리 부대는 '잘하면 2등이야. 한 종목이라도 우승해야 할 텐데…'라는 생각이 지배적이었던 것 같다(오해는 말자.). 부대 소속 군종목사로서 '난 무엇을 할 수 있을까?' 하는 생각을 정리하여 지휘관에게 보고하고 부대와 함께하는 군종활동을 했다. 여러 곳에 흩어져 준비하고 있는 선수들을 찾아가 격려했고, 그들을 교회로 모아 "그들만의 계절"이라는 영화를 보여 주었다.

영화의 마지막에 주인공은 22년 동안 코치의 명성을 지키기 위해 희생물이 되어야 했던 선수들에게 이렇게 이야기한다.

"우리는 이 경기를 앞으로 남은 48년을 위해 하는 것이 아니라 48분을 위해 하는 것이다. 이 경기는 누구를 위해 하는 것이 아니라 나의 행복과 기쁨을 위해 하는 것이다."

진정한 승리의 의미가 무엇인지를 생각하게 했다. 그리고 시합 전 주일에 승리 기원 예배를 드리며 "승리는 선택입니다"라는 제목으로 설교를 했다. 행사를 마친 후 한 병사가 보내 준 편지이다.

목사님, 안녕하십니까? 복도나 교회에서 자주 뵙기 때문에 제 이름은 모르시더라도 얼굴은 아실 거라 생각합니다. 우선 사령부 체육대회 전에 목사님께서 보여 주신 영화, 감사합니다. 체육대회에서 처음으로 우승을 했다고 합니다. 그 영화가 우리에게는 큰 힘과 자신감을 불어넣어 주었습니다. 모두들 우리가 집단 농구에서 우승할 거란 예상을 하지 않았습니다. 하지만 우린 해냈습니다. 이렇게 말합니다. 대천 사격에서 1등 했을 때보다도, 대학에 합격했을 때보다도, 아니, 태어나서 그렇게 좋았던 적은 없었다고 합니다. 저 역시 마찬가지입니다. 전반전이 끝났을 때 모두 놀랐습니다. 우린 17점으로 전반을 앞서가며 끝낸 것입니다. 몹시 흥분했고 '우리가 과연 우승할 수 있을까?'라는 생각이 어느새 '우리가 우승이다.'라고 바뀌어가고 있었습니다.

예상대로 후반이 시작되자 다른 팀들이 우리를 집중마크하게 되었습니다. 편파적인 심판들과 관계자, 또한 어웨이 경기인 만큼 우리는 너무나도 불리한 상황으로 가고 있었습니다. 후반 10분 경과, 우리 팀은 27점이었습니다. 그러나 그후로 12분 동안 우린 한 점도 올리지 못했습니다. 한 팀 한 팀 우리를 역전했습니다. 우린 어느새 꼴찌가 되고 말았습니다. 우린 움직일 힘조차 없었습니다. 가만히 서서 역전 되는 것을 구경할 수밖에 없었습니다. 어느 곳을 쳐다봐도 우리 팀 선수가 눈에 들어오지 않았습니다.

'이대로 끝이구나.'라고 생각할 때쯤 "경기 종료 3분 남았습니다."라는 방송이 나왔습니다. 우린 서로를 쳐다보았습니다. 그동안의 고된 훈련이 파노라마처럼 지나갔습니다. 매일 외곽 4-5바퀴 연병장 전력질주, 무등 태우고 연병장 돌기와 훈련 도중에 낙오하는 사람들도 있었습니다. 그때부터

2분 동안 우린 어떻게 움직였는지 생각이 나지 않습니다.

다시 경기 종료 1분 남았다는 방송이 나올 때 기적이 일어났습니다. 다른 팀은 한 점도 득점하지 못한 채, 우리 팀은 33점, 1등인 것입니다. 남은 1분 동안 쓰러질 각오로 뛰었습니다. 경기가 끝났다는 총성을 아무도 듣지 못했습니다. 우승이었습니다. 사람들이 제 주위로 몰려들었습니다. 바로 지원대 선후임병들이었습니다. 그들은 경기장 밖에서 우리와 함께 싸웠던 것입니다. 서로 눈물을 흘렸습니다. 목이 쉴 정도로 소리를 질렀습니다. 그 기세로 우리 부대가 종합우승을 한 것입니다.

영화의 말미처럼 이젠 추억이 되어버린 사령부 체육대회, 하지만 그날의 감동과 전율을 죽는 날까지 잊지 못할 것입니다. (후략)

나는 교단 수련회 참석으로 인해 그 감격스러운 현장에 없었지만 "목사님! 우리가 종합우승했습니다."라고 들려 주었던 한 마디는 선수들이 느꼈던 환희만큼이나 지금까지 마음에 남아 있는 감동의 순간이었다.

개그 프로그램에서 "1등만 기억하는 ○○○ 세상!"이라 쓴 소리를 낸 용감한 녀석들이 있다. 그렇다. 1등만이 승리가 아니다. 물론 2등은 아쉽다. 3등한 사람보다 더 좌절감을 느낄 수 있다. 그러나 2등한 선수들에게 큰 승리의 박수를 쳐주어야 한다.

다시 진급의 계절이 돌아온다. 승리는 한 명에게만 주어지는 것이 아니다. 오늘 삶의 자리에서 최선을 다한 모두가 진정한 승리자이다.

6   진행형인 예술 경영가

스스로를 '진행형인 예술 경영가'로 부르며 병영생활을 의미 있게 보낸 형제가 있다. 신병교육대에서 수료하는 훈련병들에게 자신의 이야기와 찬양을 할 수 있도록 기회를 주었을 때 자원하여 몸으로 찬양을 드렸던 병사였다. 뿐만 아니라 군생활 중 '화령장 전투 재연' 제작팀에 수개월 동안 파견되어 안무를 담당하기도 했다. 신병교육대 수료 후에 계급이 올라갈 때마다 소식을 전하며 나를 기억해 준 마음이 고맙기만 하다. 부대 전입 후 이등병 때 보낸 편지이다.

제가 OO사단 자원이었다면 주일마다 목사님의 설교를 들을 수 있을 텐데…. 목사님께서 하신 "이야기가 시작되면 치유가 시작된다."는 말씀을 가슴에 새기고 군생활에 임하고 있습니다. 5주간의 교육 훈련기간 중 주일이 항상 기대되고 설레었거든요. 목사님의 온화한 모습이 지금도 생생히 기억납니다. 군에 입대하고 나니 더욱 주님의 사랑을 피부로 느끼게 하는 경험이 많습니다. 늦은 나이에 군에 온 것도 주님의 놀라운 계획이라 봅니다.

일병 5호봉 때 보낸 편지이다.

진행형인 예술 경영가! 일병 5호봉 이〇〇입니다. 작년에 자대 배치 받고 편지 보내드리고 올해 들어 첫 편지를 씁니다. 항상 열정적인 모습으로, 희망이 넘치는 목소리로 군인들에게 큰 힘이 되어 주시는 목사님께 감사드립니다. 2군단으로 오셨다는 소식을 들었을 때 얼마나 기쁘던지 말로 표현할 수 없었습니다. 바쁘신 와중에도 제 전화를 받아 주시며 밝은 미소와 목소리로 맞이해 주셔서 감사합니다.

제가 있는 부대는 열악하지만 지금은 너무 좋습니다. 맑은 공기, 주변에 있는 산, 멋진 구름, 아름다운 자연 속에서 군생활을 하는 것도 감사라 생각합니다. 지난 일 년간 군생활이 답답하고 벗어나고 싶고 적응하지 못해 힘들었는데 지금은 180도 다른 시각으로 바라보고 있습니다. 하루하루가 행복하고 보람을 느낍니다. 저도 진정한 군인이 되었나 봅니다.

상병 2호봉 때 보낸 편지이다.

기쁨이 가득한 주일 봄비가 내립니다. 파견온 지 일주일이 되었습니다. (중략) 목사님, 저 이〇〇이 '이사야'라는 예명으로 활동하려고 합니다. 몸과 마음, 영, 혼 신앙의 뿌리가 흔들리지 않도록 기도 부탁드립니다.

'화령장 전투 재현 제작팀' 안무 감독으로 왔으니 더욱 겸손하고 노력하는 안무가가 되고자 합니다.

상병 4호봉 때 보낸 편지이다.

상병 4호봉 이○○입니다. '화령장 전투 재연 제작팀' 안무 담당으로 파견온 지 3개월이 되어 갑니다. 작년 4월에 입대했는데 군생활이 이백 일 정도 남았네요. 무더운 여름입니다. 장마 시즌이라 그런지 오후 내내 덥거나 힘들지 않아요. 10월 14일 경북 상주 종합운동장에서 공연이 있기까지 4개월 정도 남았습니다. 저는 안무 담당이다보니 오후 일과는 연습하는 시간과 생각하며 책 읽을 시간이 많이 허락되고 있습니다. 너무 감사한 일인데 감사하는 마음이 덜한 것 같아 반성하는 7월이 되고 있습니다. 그래도 하나님의 자녀이기에 저를 사랑해 주시는 것 같습니다. 저에게 생각지도 않은 기회를 주시고 군생활이 제 삶에 큰 기회이지 가능성을 열어 주고 계시는 하나님께 영광을 돌리고 싶어요. (중략) 시간이 지날수록 전역 후의 계획과 생각들이 많아지고 있네요.

전역하면서 "꼭 한 번 찾아뵙겠습니다." 인사를 하고, 그후에 페이스북을 찾아와 안부를 전해 준 바로 그 병사, 다음 주 백운 교회 한 여름 마지막 수요 특강 시간에 전역 후 초청하여 첫 만남을 갖고자 한다. 목소리와 편지, 온라인에서만 만났었는데 수년이 지난 후 바로 그 병사의 얼굴과 진행 중인 예술가의 그의 이야기를 듣고, 온몸으로 찬양하는 모습을 보게 될 생각을 하니 설레고 기다려진다. 참 반가울 것 같다.

7   생일선물

원주에 있었던 사단의 군종병은 나와의 첫 만남의 순간을 다음과 같이 회상하고 있다.

작년 12월, 목사님과의 첫 만남이 생각난다. 새로운 사람을 만나는 것이 늘 그렇듯 기대감과 낯선 두려움이 마음을 채우고 있었다. 낯선 두려움은 아마도 목사님이면서 군인이라는 생각 때문이었을까? 조용히 마음속에 두 가지의 감정이 몰려오고 있었다.

처음 만난 목사님은 매우 따뜻한 분이셨다. 나긋나긋한 목소리로 나에 대해 물으셨던 목사님의 얼굴이 아직도 내 마음속에 따뜻함으로 자리잡고 있다. 나는 그때 목사님의 물음에 나에 대해 소개를 했다. 하지만 목사님의 소개를 듣지 못했다. 당시 '목사님은 어떤 분이실까?'라는 생각을 많이 했던 것으로 기억된다. 하지만 목사님께서 건네 주신 『내가 너를 사랑하였노라』라는 책은 목사님의 소개를 대신하기에 너무 충분했다. 더욱이 목사님을 도와 군종사역을 감당해야 한다는 생각들 때문인지 책에 있는 이야기들이 나의 이야기처럼 느껴졌다. '내가 일 년 동안 목사님과 함께해야 하는 일들이 이런 것이구나, 목사님과 함께 이런 마음을 품고 일을 해야겠구나.' 하는 생각을 했다.

이 쪽지 글을 보면 내 첫인상은 나쁘지 않은 것 같다. 그리고 나의 책을 처음부터 읽고 나를 이해하고자 했던 그 마음이 더 다정하게 느껴졌던 것 같다.

그러던 여름 어느 날, 그 병사에게서 마음을 담은 생일 축하 편지를 받았다. 행간 사이에서 사랑과 존경의 마음이 전해지면서 "난 참 소중한 사람이구나!"라고 고백할 수 있었다. 축복의 마음을 담은 소중한 선물이었다.

다시 그 편지를 꺼내어 읽고 있는 이 순간, 그 시간의 감동은 아니더라도 함께 있었던 그 시간의 애틋함이 내 기억 속에 선명하게 다가온다.

사랑받기 위해 태어난 목사님의 생신을 축하드립니다. 특별히 사랑을 주고자 ○○ 교회에 오신 목사님께 감사드립니다. 장병들을 사랑으로 안아 주시고 그들에게 예수님의 따뜻한 품을 느낄 수 있게 해주시는 목사님이 있어서 전 얼마나 감사한지 몰라요.

목사님, 언제나 목사님의 사랑을 받기만 했는데, 이렇게나마 목사님께 사랑을 드릴 수 있다는 것이 얼마나 행복한지요. 항상 사랑을 받는 것에만 익숙해져 있던 탓인지 사랑하는 것이 많이 서툴렀는데, 그래서 하나님이 저에게 군대라는 시간을 주신 것 같아요. 남자들만의 세상 속, 더구나 선후임이 뚜렷한 군대에서 하나님이 저에게 주신 군이라는 시간은 사랑을 주는 훈련을 하고 있는 것 같습니다. 저의 곁에 목사님을 선물로 주셨고, 목사님이 양들을 사랑하고 섬기는 모습을 언제나 보여 주고 계셔서 정말 감사하고 기쁘답니다.

목사님, 생신 정말 축하드리고요, 항상 좋은 엄마같이 따뜻함으로 대해주셔서 감사드립니다. 앞으로 남은 5개월의 군생활이 정말 행복할 것 같아요. 목사님과 함께하는 남은 올 한해가 기대됩니다.

항상 승리하시고 더운데 몸 건강하세요. 사랑합니다. 목사님.

2008. 8. 11 사랑하는 군종병 OO 올림

감성이 풍부하고 하나님 앞에서 신실했던 바로 그 병사와 함께했던 그해는 유난히 행복했다.

사역에도 풍성한 열매가 있었다. 전역 후 바로 아버님을 하늘나라로 보내야 했던 아픔이 있었지만, 예수님을 닮은 제자로 성장하고 성숙해 가는 사랑하는 동역자인 바로 그 병사는 어디에 있든지 무엇을 하든지 여전히 사랑받고 사랑을 주는 아름다운 청년이 되어 있을 것이다. 당시에 교제하던 예쁜 자매와 찍은 사진이 '카톡'에 올라와 있는 것을 보면 얼마 있으면 "저 결혼합니다!" 하는 메시지를 받을 것 같다. 마음껏 축복하고 싶다. 지금은 청소년 사역자(전도사)로 멋지게 쓰임 받고 있다는 소식을 들을 때면 나에게 소중한 만남을 주신 군 현장이 얼마나 복된 자리인지를 새삼 깨닫게 된다.

8 감사와 사귐이 있는 특별 감사 주간

2012년 추수감사주일은 군목회 기간 중에 아주 특별한 주일로 기억될 것 같다. 목회자들에게 있어서 쉬우면서도 어려운 설교가 있다면 감사의 주제를 갖고 하는 설교일 것이다. 이미 설교자와 회중들이 결론을 알고 있고, 또 감사의 본문과 주제들이 어느 정도 예상되기 때문에 설교자로서는 쉽지 않은 설교 주제라 할 수 있다. 그럼에도 불구하고 11월 셋째 주 추수감사주일에 단 한 번 감사의 주제를 가지고 설교하는 것보다 오히려 몇 주간 감사의 주제로 설교를 준비해 보겠다는 마음이 생기게 되었다.

첫째 주는 "기억과 감사"로, 둘째 주는 "시편과 감사"로, 그리고 추수감사주일은 "공동체와 감사"로 제목을 정했다. 뿐만 아니라 한주간 '감사와 사귐이 있는 특별 주간'으로 정하고 새벽에는 시편의 말씀들을 묵상하고, 저녁에는 사단에 있는 믿음의 식구들을 초청하여 함께 찬양과 경배(Worship in praise)로 예배를 드리고, 연대 교회에서 섬기시는 다섯 분의 군선교 교역자들을 하루씩 초청하여 그분들의 삶과 사역 속에서 함께하신 하나님에 대한 간증을 들을 수 있었다. 한 분 한 분의 삶속에 짙게 배여 있는 믿음의 흔적들을 들여다볼 수 있는 뜻 깊은 시간이 되었다.

그리고 지난 주일 교우들에게 실천 과제로 '나로 미소 짓게 하는 것들 열 가지'를 구역예배 시간에 나누고, '감사주간' 사행시를 적어서 교회 게시판에 붙이라고 했다. 나는 구역장 모임 시간에 '나로 미소 짓게 하는 것들 열 가지'에 대해 다음과 같이 나누었다.

하나, 북한산이 보이는 카페 2층 목양실에서 군종병이 타주는 커피 한 잔으로 하루를 시작할 생각을 하니 오늘 하루가 기대되고,

둘, 너무(?) 상냥한 아내와 예쁜 딸과 함께 주일 저녁 개그콘서트를 볼 생각을 하니 주일 저녁이 기다려지고,

셋, 해병대 훈련소에서 보내온 아들의 손 편지를 다시 꺼내보니 "자식, 대견하군!" 하며 미소 짓게 되고,

넷, 백운 교회에서 결혼기념일, 생일이라고 아주 특별한 축하를 받은 것을 생각하니 존재감 올라가고,

다섯, 매주일 '바로 그 병사'를 읽고 '좋아요'를 눌러 주고, 댓글을 단 것을 볼 때면 더 쓰고 싶은 의욕이 생기고,

여섯, 『내가 너를 사랑하였노라』와 『황금어장』을 읽고 직접 전화 주신 목사님의 격려에 세번 째 책을 내고 싶은 마음이 생기고,

일곱, 수년 동안 논문에 대해서 고민만 하다가 손을 놓았었는데, 서울에 와서 학교를 나가 새로운 교수님을 만나면서 논문 제목이 나와 교수님으로부터 "열심히 해봅시다." 하고 격려를 받으니 한 번 해봐야지 하는 자신감이 생기고,

여덟, 감사주간 월요일부터 금요일까지 기타를 들고 경배와 찬양을
인도하면서 찬양의 기쁨을 새롭게 맛보게 하시니 감사하고,
아홉, 좋은 성도, 좋은 부대, 좋은 지휘관을 만나 마음 편하게 목회할
수 있어서 감사하고,
열, 내일 주일 예배를 기억하고 성전에 발걸음을 향하는 성도들과
오후에 사단 교회와 다섯 개의 연대 교회가 함께 모여 북한산
찬양 페스티벌을 할 생각을 하니 내일이 기다려진다.

이렇게 적어보니 수십 개도 더 찾아낼 수 있을 것 같다. 뿐만 아니라
교회 게시판에 주렁주렁 걸려 있는 감들에 적힌 감사와 찬양과 기도와
결단이 있는 감사주간 사행시를 보니 더더욱 기쁘고 감사함이 찾아온다.

〈감사 주간 예능 부분 사행시〉
감식초만 먹으면 살이 빠질까요?
사과식초로 바꿔볼까요?
주님, 전 안 먹어도 쪄요.
간절히 바랍니다. 먹어도 살이 빠지게 해주세요.

〈감사 주간 다큐 부분 사행시〉
감사하기 어려운 성도 있나요?
사람이 마음으로 자기의 길을 계획할지라도
주께서 그 걸음을 인도하시니 사람의 중심을 보시는 우리의 기도와
간구에 응답해 주셔서 감사가 넘쳐나게 해주세요.

〈감사 주간 감동 부분 사행시〉

감동과 기적을 만드시는 하나님 아버지,

사흘 전 제 친구 OO이의 어머니께서 입원하셔서 간호하느라 그동안 OO이가 전화를 받지 못했다는 소식이 들었습니다.

주께서 사랑을 베풀어 주셔서 OO이의 어머니께서 빠른 시일 내에 건강을 되찾게 해주시기를

간절히 기도드립니다. 아멘.

9 소감문을 읽는 기쁨

연대급 군종목사로 시작해서 여단, 사단, 군단급 부대를 거치면서 다양한 프로그램들로 군종병 집체 교육을 실시한 경험이 있다.

전방 연대에서는 GOP 투입 전 소초 군종병들을 포함하여 부흥회 형식으로 진행하기도 했고, 열쇠부대에서는 사랑이 필요한 병사들과 군종들 백오십여 명을 대상으로 부대 근처 기도원에서 '내적치유 세미나'로 진행해 보기도 했고, 태풍부대에서는 '마음 알기, 자기 알기, 하나님 알기'라는 테마로 동료 상담자 교육을 실시하기도 했다. 전국에 부대가 흩어져 있는 탄약사령부에서는 2박 3일의 교육이 끝나고 자운 교회에서 주관하는 찬양축제에 백 명 가까이 참여하여 대상을 수상하기도 했다. 2군단에서는 '아주 특별한 3일'이라는 테마로 군종들을 다섯 개의 조로 나누어 군인 가족들과 인생그래프도 그리고, 구역식구들이 군종병들을 집으로 초청하여 구역예배를 드리고, 수요예배 시간에 함께 찬양 발표회도 하고, 마지막 날에는 여전도회가 주관하는 바자회에 참석하여 서로 도움을 주기도 했다. 군종병들은 군종목사와 마음과 비전을 나누며 한 방향으로 함께 나아가는 믿음의 친구들이라 할 수 있다. 예하 부대에서 묵묵히 교회와 군선교 교역자들을 섬기는 군종병들에게는 격려가 필요하고, 처음 군종병 직책을 맡은 형제들에게는 군종병의 사명, 역할, 책임 등을 전수해야 하고, 지친 병사들에게는 다시금 회복의 시간이 필요한데, 군종병 집체 교육은 이러한 것들을 충족시켜 주는 아주 중요한 군사역이라 할 수 있다.

군대 교육은 교육이 끝나면 소감문 작성이라는 마지막 의례가 있다. 교육기간 동안 깨닫고 느끼고 다짐했던 것들을 정리하는 시간이다. 나는 지금까지 군종병들이 이전에 기록한 소감문들을 처리하지 못하고 있다. 나중에 한 번 봐야지 하는 생각에 군용 파일에 모아 두고 있다. 이 외에도 군사역 중에 만났던 병사들이 자필로 쓴 다양한 이야기들은 지금 "바로 그 병사"의 소재가 되고 있다. 아마도 소감문을 읽을 때의 기쁨을 다시 한 번 느끼고 싶은 욕심인 것 같다.

이번 교육은 십여 명의 군종병들과 집단상담 형식으로 진행했는데, 소감문 중에 "American style" 한 편을 소개하고 싶다. 소감이 명쾌하여 읽고 나니 기분이 산뜻해지는 것을 느꼈다.

1. 형제의 인연(Brotherhood)

군대의 특성상 다른 대대, 연대의 형제들과의 교류가 많이 없었던 것이 사실입니다. 하지만 이번 집체 교육을 통하여 서로를 더 깊이 알 수 있었고, 군교회를 함께 섬기는 동역자들과 더욱더 단합된 모습으로 교회의 사역에 헌신할 수 있을 것 같습니다. 또한 항상 설교단(pulpit)에서만 뵐 수 있었던 목사님과의 대화를 통해 더 알게 된 것 같아 기쁩니다.

2. 정체성에 대한 설명(Clarification of Identity)

이번 집체 교육은 제가 군종병으로 어떠한 직책과 임무를 가지고 있는지 확실하게 가르쳐 준 것 같습니다. 또한 백운 교회에서 부흥이 올 수 있도록 헌신하고 기도하고픈 열정을 심어 주셔서 참 감사합니다.

3. 회복(Resilience)

개인적으로 군생활에 지쳐 있던 저에게 하나님께서 회복을 선물해 주신 것 같습니다. 제 기도가 너무나도 빠르게 응답을 받아 기쁩니다. 더욱더 낮은 곳에서 묵묵히 헌신할 수 있도록 용기와 응원을 얻어 갑니다.

4. 감사(Thankfulness and Gratitude)

2박 3일간 아무것도 아닌 저에게 너무나도 호화스러운 대접과 섬김을 주신 각 구역 성도님들에게 감사드립니다. 또한 그분들을 통해 자신의 영광을 드러내신 하나님께 감사드립니다. 저 또한 제 역할에 최선을 다해 섬기도록 다하겠습니다. Solus Christus.

십여 명의 군종병들이 기록한 소감문 한 장 한 장에 군종병으로 부름받음에 대한 기쁨과 자신들을 섬겨 준 교회 식구들에 대한 고마움과 군생활 하는 동안 후회 없는 사역을 해보고 싶어 하는 열정이 그대로 담겨져 있다. 나는 이 소감문들을 모아 둘 것이다. 그들이 받은 은혜와 헌신을 보관하고 싶은 마음일까? 바로 그들이 먼 훗날 '바로 그 병사'의 주인공이 될 하나님이 찾으시는 사람이 될 것이라 확신하기에.

10 바로 그 해병

신학대학교 1학년에 입학하자마자 군종장교 후보생 선발 공고가 있었다. 군선교에 대한 비전과 군종목사로서의 특별한 부르심으로 시험을 친 것은 아니었던 것 같다. 그러나 신학대학교 1학년의 눈으로 바라보았을 때 최고의 선택이었는지 모른다. 물론 지금도 난 군종목사 됨에 대해서 후회하지 않는다. 사역을 하면 할수록 군종목사로서의 소명이 선명해졌던 것 같다.

군종장교 후보생이 되면 얻을 수 있는 혜택(?)이 있었는데, 그 중 하나가 다른 신학생들보다 결혼을 빨리 할 수 있다는 것이었다. 신학대학교 동기 아홉 명이 군종목사로 두 해에 걸쳐 임관할 무렵, 몇 명을 제외하고는 결혼을 한 상태였다. 지금의 결혼 정년기에 비하면 당시 나와 동기들의 결혼은 정말 빠른 것이었다. 그래서 나는 벌써 군에 보낸 아들이 있다. 가까이 지내는 사람들에게 "군에 간 아들이 있다."고 말하면 "정말입니까?" 하며 나를 다시 바라보곤 한다. 그것도 해병대로 자원했다.

아들은 입대 전 훈련소 동기였던 해병대 사령부 목사님, 해병 1사단 목사님과 연대 목사님, 군종목사로 전역하시고 포항에서 목회하시는 목사님, 교단의 선후배 목사님들, 그리고 백운 교회 교인들의 격려를 받으면서 이제까지 멀리서 아버지 주위에 머물러 있었던 막연한 관심이 아니라 아주 가까이에서 그 사랑을 눈으로 확인하고 가슴으로 느꼈던 소중한 경험이 된 것 같았다. 마치 내가 받은 것처럼 참 기뻤다. 아들의 삶에 소중한 자산이 되었으리라 확신한다.

아들이 훈련소에서 보낸 편지이다. 아마도 훈련소 시절에 보낸 편지가 군생활 편지의 전부일 것 같다. 하지만 이때 느낀 아들에 대해 느낀 애틋함은 아주 오래 갈 것 같다.

훈련소 첫 번째 편지

종교활동 이후 주는 개인 시간에 편지를 쓰고 있습니다. 훈련소에서 교회를 가보는 맛도 다르긴 하더군요. 물론 초코파이가 기다려졌던 게 제일 크지만… 어제 헌혈차가 와서 헌혈을 하는 날이었는데, 저는 헌혈한 지 채 2주가 안 된 탓에 하지 못했습니다.ㅠㅠ 초코파이 세 개랑 포카리스웨트인데! 그래도 오늘 교회에서 초코파이 두 개와 레쓰비를 먹었습니다. 그야말로 꿀맛! 나는 아니겠지, 안 그러겠지 했는데 초코파이에 열광하고 있습니다. 매주일 기다리는 마음이 사회에 있을 때보다 더 커질 듯합니다. 어제 그제 체력검정을 했는데 모두 특급을 받을 만큼 몸 건강히 잘 지내고 있으니 걱정마세요. 화장실도 잘 가고, 동기들과도 잘 지내고 있으니, 염려치 않으셔도 됩니다. 존댓말이 어색하시죠? 저도 어색합니다.ㅋㅋ

훈련소 두 번째 편지

내일부터 사격에 들어갑니다. 집중 잘해서 특등사수가 되도록 노력하겠습니다. 오늘 교회를 다녀왔는데 우리 3중대 500여 명 중 300여 명이 기독교에 갔습니다. 왠지 모르는 우쭐감이 드네요. 오늘 말씀은 빌립보서 4:6이었는데 엄마가 지갑에 넣어 주었던 것이라 또 한 번 찡했습니다. 감동ㅠㅠ 좀 이따 머리 한 번 더 민답니다. 양털깍이로ㅎㅎ 건빵도 준다는 소문이 있어서 지금은 약간 들떠 있음!

훈련소 세 번째 편지

지금은 9월 15일 토요일 밤. 이번주도 무사히 마쳤습니다. 영점 사격을 한 번에 합격하며 군인의 아들답게 실거리 사격, 주간 20발 중 17발, 야간 10발 중 9발을 맞추며 손쉽게 합격했습니다. 특등사수 조건이 주간 18발 이상 야간 9발 이상인데 한 발 차이로 아쉽게 놓쳤습니다. (중략) 내일 또 교회 가서 초코파이 먹을 생각하니 어서 자고 싶네요. 그리고 기도해 주시고 응원해 주시는 교회 분들께 감사하다고 전해 주세요.

훈련소 마지막 편지

D-11, 얼마 남지 않았습니다. 이번 주 유격훈련 잘 마쳤습니다. 행군 무사히 마치고 부상 없이 복귀했습니다. 어젠 성례식을 했는데 그 사단 목사님께 기도도 받고 '초코바'도 받고 감격! 지금 관물함에 숨겨놨는데 조마조마하긴 하지만 몰래 먹을 생각에 두근두근ㅋㅋㅋ 아무튼 다음 주에 천자봉 행군만 마치고 금요일에 빨간 명찰 수여식 하면 훈련생활은 마치네요. (중략) 오늘부터 뭐 먹을지 계획 세우려고요. 면회하는 몇 시간 동안 먹을 거.

이후로 자대에 배치가 되었다. 자대생활은 해병대를 자원하며 기대했던 병영생활이 아닌 것 같다. 강화도 전방 경계 작전에 투입을 준비하는 부대이다. 추운 날씨에 정신없이 이등병생활에 임하고 있다는 소식을 들을 때면 가슴이 아려오지만 "저 해병대 자원한 것 후회하지 않습니다."라고 말하는 아들의 목소리에 감사한 마음이 더 크게 다가온다. 자랑스러운 우리 대한민국의 아들, 군종목사의 아들 해병 안지훈 파이팅!

그해 크리스마스는 참 행복했습니다

한 병사가 군에서 맞이하는 크리스마스 풍경을 다음과 같이 이야기했다.

남자라면 누구나 한 번쯤은 경험하게 되는 군대에서 맞는 크리스마스! 하늘에서 펑펑 내리는 눈을 치우며 힘들어도 '곧 크리스마스구나!' 하며 제설작업을 하던 병사들은 생각에 잠기고, 크리스마스에 여자친구가 면회라도 올까 궁금해 하며 설레는 선임들, 그리고 내년 크리스마스에도 우리는 군인이라며 장난치는 동기들, 이런 모습들이 올해 저의 크리스마스 풍경입니다.

어떤 병사들은 '그냥 화요일'이라 느끼기도 할 것이다. 그러나 분명 크리스마스는 기독교인들만의 절기가 아니라 지구촌에 살고 있는 모든 사람들이 함께 설렘으로 기다리는 따뜻하고 행복한 축제이다. 그러나 군종목사에게 있어서 크리스마스는 어떤 날일까? 스스로 질문해 본다. 해마다 같은 본문으로 서너 편의 성탄 설교를 해야 하고, 부대와 함께하는 성탄 행사를 기획하면서 준비과정의 분주함 때문에 가끔 피하고 싶은 마음이 들 때가 있다. 그러나 올해 크리스마스는 목사인 나부터 기대와 설렘으로 맞이하고 싶은 마음을 성령님께서 주셨다.

이런 마음으로 준비하다보니 여러 가지 창의적인 생각이 떠오르고 차분하게 행사를 준비할 수 있었다. 성탄절 전주에 이십여 년의 전통이 있는 서울여대 한나 선교단의 위문예배에 병사들을 교회로 초청하여 기쁨의 찬양 축제를 했고, 부대의 전 장병들을 대상으로 '내가 기억하는 크리스마스'와 '내가 기대하는 크리스마스'라는 테마로 에세이와 '성탄선물' 4행시를 공모했다(당연히 휴가증을 걸고). 많은 병사들이 참여했지만 두 병사의 이야기를 함께 나누고 싶다.

중학교 1학년 때부터 올해까지 선택의 기로에서 그 결과가 주는 괴리감 때문에 고민하고 방황하다가 결국 이등병 때 삶을 포기하려는 선택을 하게 되었던 병사였다. 이 병사는 많은 이들에게 엄청난 상처를 주었음을 반성하면서 군생활 반 년이 지날 무렵 자신의 감정을 충분히 표현하면서 행복하다 느낄 수 있는 자신만의 길을 선택하면서 "나의 이기심으로 상처를 준 사랑하는 사람들을 초대해 내년 크리스마스에 요리를 대접하고 있을 나의 모습은 상상만으로도 너무나 행복하다. 이것이 내년 크리스마스를 기다리는 이유이자 내가 바라는 크리스마스가 되어 줄 것이다."라고 희망의 이야기를 쓰고 있다. 내년 크리스마스 파티에 나를 초대해 준다면 참 좋겠다.

십 년 전, 어머니와 누나를 외국으로 보내고 아버지와 함께 생활을 하고 있었던 소년의 이야기이다. 가족이 따로 살기 전 교회를 가는 길에 "가족"이라는 노래를 부르면서 참 행복했던 시절을 떠올리고 있다. 그후로 오랫동안 그 노래를 부를 수 없었는데, 어느 해 크리스마스에 가족 중창대회를 한다고 했을 때, 학교를 마치고 집에 오는 길에 아주 반갑게 찾아왔던 어머니와 함께 온가족이 무대에 올라가 불렀던 그 순간의 행복을 이야기한 병사이다. 그는 이렇게 고백하고 있다.

"지금은 다시 부르지 못하지만, 그때 잠시 모여서 불렀던 그 노래, 그 겨울밤을 잊을 수 없습니다."

어떤 사연이 있는지는 자세히 모르지만 예수님 안에서 진정한 사랑의 노래가 다시 불려지기를 기도한다.

뿐만 아니라 초임 사역 때처럼 오랜만에 도매하는 과자공장에 찾아가 '추억의 문방구 간식'을 사오기도 했고, 신부님과 함께 수감자, 환자, 취사병 형제들에게 햄버거와 현역 군종목사들이 쓴 책을 선물로 나누어 주기도 하였다. 성탄 전야 축하 행사에 주일학교, 학생회, 많은 병사들이 참석을 하여 부대별 성탄 축하 발표회를 했고, 성탄예배는 노래로 나아가는 '경배와 찬양'으로 영감 있고 감동이 있는 예배를 드릴 수 있었다. 예배가 끝나고 수고한 신우회 형제들과 함께 삼겹살 파티도 하고, 크리스마스 다음날 상근예비역 병사들과 함께 온천에 갔다가 갈비탕을 함께 먹으며 나눔의 성탄 행사를 마무리할 수 있었다.

모든 행사가 끝난 지금, "예수님 때문에 참 행복합니다."라고 고백하고 있다. 그리고 우리 병사들도 먼 훗날 "군에서 맞이했던 그해 크리스마스는 참 따뜻하고 기쁜 크리스마스였습니다." 하고 기억될 수 있으면 더 행복할 것 같다.

12 동료 상담자 보수교육을 마치고

지난 목요일 동료 상담자 보수교육을 실시했다. 군대 용어로 보수교육이라 하지만, 사실 함께 만나 이야기하는 기회를 주었을 뿐이다. 그리고 "아름다운 세상을 위하여" 라는 영화 한 편을 보여 주고 다섯 글자로 그 느낌을 표현할 수 있도록 하였다. 작은 생각, 작은 행동 하나가 이 세상을 아름답게 만드는 위대한 힘일 수 있음과 내게 주신 직책에 유난히 감사했던 뜻 깊은 하루였다. 참여한 형제들의 소감문을 소개해 본다.

<u>내가 성장하는 것 같아 기분이 좋다.</u>

오늘 보수교육을 받으면서 이 추운 날씨에 꼭 해야만 되는 것일까 하는 어리석은 생각을 한 나를 알 수 있었다. 서로의 상담 내용과 피드백이 오가면서 내가 몰랐던 상담방법, 올바른 다가가기, 선임과 후임에게 다가가기 등 정말 많은 것을 배웠다. 항상 이곳 교육을 올 때마다 내 자신이 조금씩 커가는 것 같아 너무 기분이 좋다. 목사님! 감사합니다.

<u>다른 사람을 도와주고 싶다.</u>

오늘 짧지만 나에게는 소중한 시간이었다. 여러 상담병들의 활동 사례를 들으며 어떻게 활동해야 하는지에 대해 어렴풋이 알게 되었다. 계속 도움주기를 하면서 전역이 끝이 아닌 또 다른 시작이라는 것을 마음에 새기고 있을 것이다. 부대에 돌아가서 우리 전우들의 곁에서 같이 있어 주고, 버텨 주고, 기다려 주는 상담병이 되기 위해 노력할 것이다.

<u>나는 참 중요한 사람이구나 하는 것을 느꼈다.</u>

상담병 보수교육을 받으며 다시 한 번 책임감과 내 직책의 중요성을 느꼈다. 다른 상담병들이 어떻게 상담하는지, 후속 조치를 어떻게 해나가는지 듣고 나도 저렇게 적극적이 되어야겠다는 생각도 있었고, 이런 점은 조심해야겠구나 하는 것들도 있었다. 바쁜 생활이 지속되지만 더더욱 꾸준히 애정을 갖고 사람들을 지켜보아야겠다는 생각을 했다. 영화를 보면서 작은 일이 아니라 큰일의 소중함을 알게 되었다. 큰 것은 힘드니까 작은 것부터 차근차근 실천하는 것도 중요하시만 지레 겁먹거나 자신감 부족으로 큰일은 계획조차 않는 것은 용기의 부족을 증명하는 것밖에 안 된다는 것을 느꼈다.

이런 자리를 만들어 주신 목사님과 점심을 준비해 주신 집사님, 권사님들께 너무 감사드립니다. 고기 너무 맛있게 먹었습니다.

<u>용기를 내어 도움이 필요한 사람에게 찾아갈 것이다.</u>

오늘 대화를 통해서 많은 것을 느꼈다. 단순히 몇 명 상담해야지 하는 생각도 있었는데 어제 GPS 판에 중대원들의 이름과 얼굴을 찬찬히 둘러보며 "아! 이 병사는 요즘 지쳐보이는데…. 나한데 상담하고자 했었는데 못했네." 등 평소에 관심을 갖지 못했던 병사들을 생각하게 되었고, 후임병들만이 아닌 선임병들도 누구에게나 말 못할 자신들만의 고민이 있다는 것을

알았다. 내 속에 있는 문제들을 꼭꼭 숨기면서 상대방에게는 고민을 말해 보라는 것도 잘못된 접근이라는 것도 알았다. 내 속에 있는 문제들을 꺼내면서 서로 상처를 이해하고 배려해 주고 싶다. 우리 부대 병사, 부모님, 친구, 간부 모두 그 도움이 널리널리 퍼지기를 소망한다.

<u>상담자인 나도 참된 만남을 갖고 싶다.</u>

우선 맛있는 식사를 대접받아서 너무 감사하다. 또래 상담병끼리 모여서 토의하는 시간 중 도전을 주는 병사가 있었다. 자신을 드러내고 서로 인격적으로 만나는 그 병사가 참 멋지다고 생각한다. 상담자도 사람이기에 좋아하는 사람이 있고 싫어하는 사람도 있다. 특별히 맘이 맞지 않는 선후임과 대화하는 것은 곤욕이 아닐 수 없다. 그 사람들에게도 나 자신을 과감히 드러내고 인격적인 만남을 갖고 싶다. 사랑 없이 하는 그런 거 말고….

눈을 마주보며 서로 이야기를 들어 주었던 짧은 하루였지만, 오늘 참여한 형제들에게는 아주 오랫동안 기억될 소중한 시간이었던 것 같다. 역시 이야기는 우리의 삶을 풍성하게 한다.

힐링
밀리터리
Healing military

다섯 번째 이야기

희 망

현재 경험하고 있는 이 고통의 시간들 속에
하나님을 내 머리로는 이해할 수 없지만
그분이 나의 절망 가운데서도 뭔가 움직이실 줄
확신하고 있다는 것을 발견하게 된다.

1 내가 찾던 바로 그 병사

수레바퀴와 같은 일상에 푹 파묻혀 살아가던 어느 날, 지금의 일도 척척 잘 진행되고 있고, 사람들과의 관계도 편안하고, 기쁨이 되는 아내와 아이들도 있는데 군생활의 종착지가 보이는 시간의 강가에서 먼 훗날 "나는 청춘을 군대에서 보냈다."라고 한 마디로 말하지 않을까 하는 아쉬움이 남을 것 같아 일상의 사건을 글로 남기는 작업을 하기 시작했다.

어릴 적, 글쓰기에 관심도 없었고, 독후감 쓰는 것을 숙제로 내주면 힘겹게 한 장을 채워가던 나였다. 그러던 내가 20대에 군목회를 시작하면서 젊은 장병들과의 만남 속에서 경험했던 소중한 시간들을 오랫동안 간직하고 싶은 마음에 매주마다 마음을 담은 글을 쓰기 시작하면서 나의 내면과 만나게 되었고, 그것이 외부로 드러나게 되면서 부끄럽지만 두 권의 책이 탄생되어 사람들과 나눌 수 있었다.

처음에는 몇 줄로 시작했지만 원고지 열 장 정도의 분량을 채우면서 내 일상에 생기가 돋아나는 것 같은 느낌이 들었다. 매일의 사건들에 대해 의미를 부여하고, 그것을 이야기로 꾸미면서 나의 군(軍)목회는 더욱 풍성한 이야기로 채워지게 되었다.

다시 백운 교회 사역을 시작하면서 떠오르는 몇 가지의 단어들이 있다. '부흥, 창의, 역사'였다. '부흥'은 바로 이전 교회에서 마지막 신우 예배에서 설교한 주제였고, '창의'는 무엇인가 새로운 것을 창조해 내는 것이 아니라 많은 정보들을 사람들에게 낯설게 느끼게 하는 것이라는 것을 『노는 만큼 성공한다』(김정운 저)는 책에서 발견하게 되었고, 드라마 "뿌리 깊은 나무"를 시청하면서 이야기로 기록된 '역사'의 중요성에 대해서 이해할 수 있게 되었다. 그래서 맨 처음 교회의 주보와 사진들을 살펴보았다. 사람들이 해마다 바뀌고 목회자와 지휘관들에 의해 교회조직들도 수시로 변했지만, 그럼에도 불구하고 하나님은 때마다 헌신된 사람들을 보내셔서 교회를 세워 주셨던 것을 보면 그저 놀랍고 감사할 뿐이다.

며칠 전 교회 창고에서 주일학교 활동 앨범을 발견했는데, 한 장 한 장 넘기다 보니 빨간 테두리에 정성껏 한 자 한 자 눌러 쓴 자신의 삶을 사랑하는 열정이 담긴 작은 쪽지가 끼워져 있었다.

이 앨범을 펴 보게 될 미래의 교사 신우 형제들이여!
얼굴도 모르고 이름도 모르는 형제님께 이렇게 글을 쓰고자 하는 저의 마음은 분명히 주님이 주시는 마음이라 믿습니다. 저 또한 1995년 5월부터 1997년 2월까지 교사 직분을 감당해 나가면서 이 앨범을 통해 큰 은혜를 받았습니다. 첫 장부터 앨범을 넘길 때마다 주일학교의 선생님들이 바뀌는 것을 보게 됩니다. 부대에서 주님을 위해 봉사한 순간들은 긴 시간으로 볼 때 한 점에 불과하다는 것입니다. 참으로 짧은 이 순간 속에서 최선을 다해 주님을 사랑하고 우리에게 잠시 맡겨진 어린이를 생명을 다해 사랑하고 이들을 위해 주님의 복음을 원없이 전해 줍시다. 주님은 이 교회를 통해 수많은 교사들을 임명하시고 주님 오시는 그날까지 계속될 것입니다. 우리 모두 천국에서 만날 때 백운 교회의 신자였음을 자랑스럽게 말합시다.

이 글을 쓰는 일시 : 1996년 7월 25일 저녁 8시
쓰는 이 : 주일학교 교사 의무대 상병 전OO

이 병사는 먼 훗날 이 글을 발견한 사람이 이 기록을 아주 소중하게 다루어 줄 것이라고 믿었던 것 같다. 나는 이 글을 발견하는 순간 '아! 하나님이 찾던 바로 그 병사가 아닌가!' 하는 생각이 들었다. 갑작스런 선물을 받은 것처럼 희열을 느낄 수 있었다. 황금어장에서 대어를 만나 기뻐하는 어부와 같은 심정이었다. 바로 이 청년은 내가 찾던 바로 그 병사였다. 그는 당시 '지금—여기'를 사랑하며 영원의 시간을 경험하며 살았던 참 행복한 병사였을 것이다. 그는 분명 지금도 어디에서 영원의 가치를 가지고 어제 죽은 이가 그토록 바라던 오늘이라는 시간을 멋지게 살아가고 있을 것이다.

다음 책이 나온다면 이 제목이 어떨까? "내가 찾던 바로 그 병사!" 이 청년을 한 번 만나 순수했던 시절의 헌신 이야기가 듣고 싶어진다.

2 사랑의 음성이 들려지기를

군 입대 전날 마음이 어떠했는지 한 번 생각해 보자. 사랑하는 사람들과 헤어지고 입소대나 보충대에서 군복을 받고 당황스러웠던 오후, 잠이 오지 않아 뒤척거리며 억지로 잠을 청하던 첫날 밤…. 입대 후 거품 빠진 자신을 보면서 여러 가지 감정이 다가왔을 것이다.

아마도 가장 힘들었던 것 중 하나는 휴대폰을 놓고 온 것에 대한 상실감이 아니었을까 추측해 본다. 이 감정은 아이들이 엄마 젖을 떼려고 할 때 느끼는 감정과 유사한 감정일 것 같다. 자기를 표현하고 자신을 느낄 만한 것들(거품)이 사라지게 되면서 '나는 누구인가?'에 대한 솔직한 질문을 하는 것 같다.

새로운 환경, 새롭게 경험하게 되는 일들, 새로운 사람들과의 만남 속에서 '나는 잘할 수 있을까?' 하는 익숙하지 않은 긴장감과 기대가 섞인 설렘의 감정을 갖게 된다.

많은 병사들은 이러한 감정을 경험한다. 그러나 시간이 지나면 이러한 자신을 인정하고 수용하면서 자연스럽게 군생활에 적응하게 되지만, 유난히 자신에 대해 많은 고민을 하며 다음과 같은 글을 쓴 병사도 있었다.

내 마음속에는 다른 내가 있는 것 같다. 나의 마음을 지배하고 있는 그 어떤 것이. 난 매사를 긍정적이고 밝게 생각하려 한다. 항상 웃고 다니고 기운차게 움직이려 한다. 그때마다 내 마음속에서 과거의 실수와 잘못이 떠오른다. 그리곤 나를 지배하기 시작한다. 어느 정도 시간이 지나면 잠시 풀어 준다. 지금 마음의 상태도 이러하다 즐겁게 있다가도 금세 돌변한다. 옆 전우와도 거리를 두고 벽을 쌓은 것 같다. 가까워야 하는데 내가 스스로 벽을 높게 단단하게 쌓고 있다. 이 벽을 허물고 싶지만 다른 내가 허용하지 않는다. 생활하는 것도 어느 정도 영향이 있다. 매일 반복되는 하루 또한 과거의 어두운 기억이 살아나기 좋은 여건이다. 그때마다 난 생각한다. '다지난 일이야. 앞으로가 중요한 거지.' 그러나 그는 놓아 주지 않는다. 나는 벗어나려 하지만 쉽사리 되지 않는다.

왜 이런 마음의 웅덩이에서 헤어나오지 못하는 것일까? 사람마다 몰래 숨겨놓은 거울이 있다. 그리고 그 거울로 세상을 비춰보고 자신을 비춰보기도 한다. 이 거울은 그 사람 자신이 마음대로 만들어놓은 거울이지만 막상 본인은 그것을 인정하려 들지 않는다. 그러면서 자신에게 은밀하게 이야기하고 있는 이름표를 만들게 된다. 더 나아가 나는 행복해져서는 안 된다고 하는 굳어버린 신념이 되어 버린다. 하루하루가 정말 힘들 것 같다.

혹 자신의 존재에 대한 미안한 마음으로 이름을 '미안해'로, 남의 눈

치를 살펴야만 살아남을 것 같은 두려움 속에 자기도 모르게 '눈치꾼'
으로, 언제 터질지 모르는 시한폭탄과 같은 '반항아'로 마음의 분노와
원망의 불씨를 가지고 있지는 않은가?

이러한 마음이 있으면서도 겉으로 아무 문제가 없는 듯이 살아가
는 사람들이 참 많다. 겉으로는 자신감 있고 웃고 있는 인격자의 모습
으로 사람들에게 비치고 있지만 마음에서 슬퍼하며 울고 있는 내면의
아이가 있지는 않은가?

그러나 내가 건강하지 못해도, 내가 미인이 아니더라도, 내가 중요
한 역할을 하지 않아도, 행여나 오늘 내 삶이 지금 여기에서 끝난다 하
더라도 우리의 마음의 거울에 하나님의 얼굴이 비추어질 때 진정한 내
가 누구인지 알게 된다. 우리가 아직 죄인 되었을 때 그리스도께서 우
리를 위하여 죽으심으로 하나님께서 우리에게 대한 자기의 사랑을 확
증해 주시면서 나와 여러분을 "너는 내 아들이다. 너는 여전히 나에게
있어서 존귀한 자이다. 너는 여전히 나의 기쁨이다."라고 말씀해 주셨
다. 이 영적인 탯줄 같은 하나님의 음성이 한 사람 한 사람의 영혼에
들려지기를 바랄 뿐이다. 그 음성이 들려지는 예배의 자리에 젊은 청
년들을 초청하고 싶다.

3   이야기의 힘

군복을 입은 목사로 한주간 단위의 사역을 보고하고 계획하는 '업무보고'에 길들여질 무렵, 장병들과 함께했던 경험들을 단 몇 줄로 매듭을 짓는 것이 아쉽게 느껴질 때가 있었다. 이렇게 군목회를 하다가 전역하는 순간 "이십년 동안 장병들과 함께 있었다."라는 몇 줄의 이야기로 나의 과거의 시간들을 회상하지는 않을까 하는 생각이 찾아왔다.

그때부터 장병들과 함께했던 경험을 내 관점과 의도와 감정을 담은 나의 이야기로 풀어가면서 한주간의 이야기를 기록했다. 그 만남이 나에게 어떤 의미가 있었는지 해석이 되면서 나의 군종목사로서의 정체성과 군목회의 방향이 자리잡힌 것 같다. 그리고 나의 해석된 경험 이야기(a story of the interpreted experience)를 주보 한 꼭지에 "지난주 못다 한 이야기"라는 테마로 함께 나누기 시작했다. 지금은 시간을 조금 더 거슬러 올라가 군사역 중에 만났던 병사들 중 하나님이 찾으며 기뻐하실 것 같은 병사들의 이야기(쪽지, 소감문, 편지, 기도문 등)를 살펴보며 기억을 꺼내는 작업을 하고 있다.

이런 말이 있다.

"아무리 나의 이야기가 개인 중심적이고 극히 주관적인 해석이 담긴 이야기라 할지라도 나의 이야기가 이야기되고 난 후에는 나의 의도와는 상관없이 듣는 청중 누군가에게는 영향을 미친다. 이야기하는 과정 속에서 내가 경험하지 못한 다른 의미들이 창조가 될 수도 있다."

그렇다. 나의 이야기는 또 다른 사람들이 창조적 이야기를 써나가게 하는 데 영향을 줄 수 있다고 믿는다.

며칠 전, 우연히 교단신문(기독공보) 한 꼭지에서 후배 군목후보생의 글을 보았다.

군종 70기로 임관하기 위해 4월 18일부터 10주간 진행되는 입영훈련을 앞두고 지난주 5일간 전방체험을 다녀왔다. 군선교 현장에서 만난 군목들은 각자의 자리에서 혼신을 불태우고 있었다. 해안과 육지 소초들을 돌아 북한에 삼면으로 둘러싸인 최북단 GOP까지 돌봐야 하는 윤대운 군목, 열다섯 개의 전방 소초에 예배처를 세우고 이 년간 나눠 준 초코파이만 삼십만 개가 되는 최광수 군목, 1시간 20분을 넘게 달려 주일 저녁예배를 인도하고 쉬는 날인 월요일에는 부대 체육대회까지 챙기는 조 윤 군목, 군단목사로서 예하 십여 명의 군목들을 아버지처럼 돌보면서 다양한 역할을 수행하고 있는 조주희 군목, 1,400m, 800m 고지들을 돌아다니며 열 명 안팎의 인원과 예배를 드려야 하는 이충훈 군목. 사실 후보생이 된 이후부터 매 여름 겨울마다 군목 후보생 수련회를 통해 만난 군목들은 하나같이 하나님의 마음으로 생명의 씨앗을 심고 있었다.

부대를 이동하는 차 안에서 문득 신대원 재학 시절, 안남기 군목의 설교가 떠올랐다. 모두들 군대를 상처와 고통, 죽음의 땅이라고 하지만 군목에게는 치유와 회복, 사랑이 있는 희망의 땅이라는 요지였다. 사회에서 겪은 고통과 아픔이 각종 형태로 변형되고 왜곡되어 드러나는 곳이 군대이다. 실제로 한해에 군내 자살 인원이 백여 명 정도라고 한다. 군목은 예측할 수 없는 상황과 극단적 생각을 하는 이들 앞에서 홀로 고군분투해야 했다. 하나님께 무릎 꿇을 수밖에 없었다. 3분마다 웃기는 재미있는 설교 이면에는 솟아나는 생명의 물줄기가 예배하는 장병들의 영혼을 적셔야 한다. 대한민국 군대는 군목을 통해 하나님을 보고 듣고 느끼고 있었다. 힘이나 권력보다 사랑이 강하다는 것을 몸과 마음에 상처를 입은 장병들에게 삶으로 전하는 것이 바로 군목이었다.(후략)

나는 이야기의 힘을 믿는다. 나의 이야기는 하나님 나라의 꿈을 꾸는 한 후배 목사의 가슴에 살며시 들어가 그의 창조적 이야기를 써나가게 하는 데 의미 있는 자료가 된 것이다. 참 놀라운 것은 이야기를 찾으면 찾을수록 내 주변의 일상의 소소한 이야기가 아주 의미 있는 사건이 되고, 그 어느 한 사람과의 만남도 그냥 지나칠 수 없는 소중한 만남으로 다가오고 있음을 느끼게 된다. 그리고 나누고 싶은 이야기가 풍성해지는 것 같다.

나는 오늘 이 한 꼭지의 이야기를 다시 쓰면서 다가올 미래에 대해 두려움이 아니라 기대와 희망을 가질 수 있게 되었다.

선교사를 파송하는 군대 교회

새해 들어 4개월 동안 조찬기도회를 드릴 수 없을 만큼 주어진 업무에 파묻혀 분주하게 보내다가 어제 처음으로 조찬기도회를 시작할 수 있었다. 사실은 엊그제 금요일에 계획을 했다가 갑작스런 상황으로 인해 하루를 연기한 것이다. 이런 상황에서 함께 공감이 되었는지 "길을 멈추고"라는 제목으로 메시지를 증거했다. 가던 길을 멈추고 한 발자국 뒤로 물러나 잠시 일을 내려놓고 조용한 시간이 필요하다는 내용이다. 우리 모두 가던 길을 멈추고 위와 아래와 옆과 뒤를 돌아보며 앞을 바라보는 믿음의 사람들이 되면 좋겠다.

기도회 후에 조찬을 하면서 오늘의 설교가 자신들에게 하신 특별한 말씀으로 들려졌다는 피드백을 들을 수 있었다. 기도회를 마친 후 지나온 병사들의 편지들과 이야기들을 읽다가 4월 마지막째 주 한 병사의 이야기가 눈에 들어왔다. 사회복지를 공부하고 있었던 형제로 조용하고 소심했던 성향을 보였던 것 같다. 8년 전, 주일 저녁예배 시 전역하는 병사의 '5분 이야기'의 내용 중에서 일부 발췌한 것이다.

4월의 마지막 주, 때 아닌 여름 날씨로 후덥지근하기만 했던 것들을 날려버린 단비가 내리고 있다. 일주일이 칠 일씩 나누어져 있지 않았다면 주님을 만날 시간이 그리 많지 않을 뻔했다. 이등병 시절, 수줍게 예배에 참석해 목사님을 비롯한 여러 신우들 앞에서 소개한 지 이 년이 지난 지금, 주님은 나를 전역을 얼마 남기지 않은 병장으로 성장시켜 주신 것이다. 주님께 영광돌릴 수 있도록 악기라는 달란트를 사용하게 하시고, '하늘 장단'이라는 찬양단을 통해 사령탑 교회 안에서 주님의 뜻과 지상명령을 전파하기 위한 군사로 쓰여지는 특권도 누려보았다. 평범하고 수수하게 기억되었으면 좋겠다. 앞서 활동했던 사령탑 교회의 신우들, 사회에 나가 각자 위치에서 주님의 사역을 감당하고 있을 그들이 궁금해진다. 이 년 동안 신앙생활하면서 군에서 후임들과 교회 내 타중대 신우들에게 나는 어떠한 모습으로 비쳐졌을지…. 의견 충돌이 있을 때마다 "인격이 완성되지 못한 연약한 사람의 모습입니다. 주여, 용서하여 주시고 주님 뜻대로 하소서!" 하며 기도로 주님을 붙잡을 때가 많았던 것 같다. 성장클럽을 통한 목사님과의 만남, 입대 전부터 꽁꽁 숨기고 싶었던 불편한 진실들을 주님께 고백하고 치유를 받게 된 은혜로운 사건들, 너무나 소중한 체험이었고 추억으로 남겨진다.

지난 주일예배는 군에서 드린 마지막 예배였다. 사령탑 교회가 많이 그리울 것 같다. 목사님께서도 기한을 마치시고 다른 부대로 옮겨가실 것이다. 시간이 흐르면 공간은 변하게 된다. 하나님께서 정하신 섭리가 아닌가? 군인의 신분에서 벗어나지만, 주님의 지상명령을 전파할 군사로 거듭나서 국내를 비롯한 미전도종족을 품고 선교사가 되는 것이 꿈이다. 로마 통치시대에 세계로 뿔뿔이 흩어져야 했던 유대인들, '디아스포라'처럼 군에서 사회로 파송되어 세계를 섬길 임무를 짊어질 미래의 주님의 증인으로 훈련되어지기를 기도한다.

8년 전 4월 마지막주 예배를 드렸던 그 공간, 그 시간으로 다시 들어가본다. 사령탑 교회는 주변 환경과 목조로 된 예배당이 조화 있게 배치된, 군대 교회 중 결혼식을 하고 싶은 아름다운 교회 중 하나이다. 더욱이 4월의 마지막 주는 화사한 꽃들과 실록들이 어우러져 달력 화보에 나오는 멋진 한 폭의 그림 같은 참 따뜻한 봄날이었을 것이다. 그리고 예배시간에 위 병사의 5분 이야기를 들으면서 사역의 보람을 느꼈던 행복한 시간이었을 것 같다. 그리고 그해 5월은 교인들과 재미있게 예배를 드린 후 커피를 마시면서 행복한 교제의 시간을 나누었던 것으로 기억된다. 교인들과의 모임이 있을 때마다 참석한 사람에게 한 마디씩 이야기할 수 있는 기회가 있었다. 나중에 들은 말이지만 교인들은 은근히 한 마디씩 이야기하는 시간을 기다리고 즐겼다고 한다. 그리고 후임 목사님은 교인들의 이러한 분위기에 적응하느라 조금은 어려웠다는 뒷이야기가 들렸다. 어쨌든 내 마음속에 아름다운 한 장면이 남아 있으니 행복할 따름이다. 올 봄에도 마음에 담을 그림을 멋지게 그리고 싶다.

5 나는 누구인가?

2000년 5월, 군사령관의 지시로 대대급 이상 전장병들을 대상으로 자살 예방 순회 교육을 실시한 경험이 있다. 유난히 자살사고가 많이 발생했던 해로 특별 조치가 필요했었다. 그해 겨울이 끝나갈 무렵, 전역을 3개월 남겨두고 이등병 때부터 상담하며 도와주었던 병사가 자살한 사건을 경험하며 너무 큰 아쉬움과 슬픔이 있었던 봄을 보냈었다. 아마도 그 안타까운 마음으로 GOP 소초까지 순회하면서 교육을 한 것 같다.

자살 예방 순회 교육은 백색의 밀가루를 가지고 사람이 죽으면 한 줌의 재가 된다는 것을 보여 주며 시작했다. 교육을 받기 힘들어하는 병사들에게는 집중을 돕는 교보재였던 것 같다. 교육 후에 사춘기 시절, 혹은 대학교 교양과목 시간에 한 번쯤은 생각하며 써보았을 주제 "나는 누구인가?"에 대해 쓰도록 했다. 지금 내 파일에는 누렇게 색이 바랜 채로 병사들의 이야기가 숨어 있지만, 다시 꺼내어 읽다보니 바로 그 병사와 대화를 하고 있는 듯했다. 잦은 이사 중에 버릴 수도 있었지만, '언젠가는 이들의 이야기를 읽어야지.' 하는 마음으로 고집스럽게 보관하고 있었다. 오늘 오래전 병사들의 이야기를 꺼낼 수 있었다. 많은 이야기 중에 평범한 이야기 하나를 소개해 보겠다.

나는 내 안에 있는 내 자신에 대해 조금은 알고 있었다. 그러나 더 이상 알고 싶지도 않고, 내 안에 있는 내 자신을 아예 잊고 싶었다. 목사님의 교육 중에 "나는 이 세상에 왜 태어났는가?"라는 부분이 있었다. 나는 이 부분에 대해 전부터 회의적으로 생각해 왔다. 과연 내가 이 세상에 필요한가? 내가 과연 무슨 일을 할 수 있을까? 나는 제대로 할 수 있는 것이 없는데… 아니, 있을 수도 있지만 내가 처해 있는 환경에서는 할 수도 없고….

나는 그렇게 내 자신에 대해 회의적이고 내 자신이 처한 환경에 불만이 많았다. 남들이 보면 너무 절박했고 그래서 특수부대에 지원도 했었다. 나약한 나 자신을 강하게 키우고 싶었고, 사회에서 내가 할 수 있는 일을 찾지 못했기에 군인이 되기로 결심했던 것이다.

그러나 이 방법마저도 운명인지 어쩔 수 없는 사정으로 특수부대 부사관으로 가지 못하고 이곳 보병 사단으로 오게 되었다. 일반 보병으로 온 것부터 난 굉장히 슬펐고, 급기야는 이곳에서 하는 모든 일이 우습게 보일 정도였다. 그러나 우습게 보이는 이곳 생활도 견뎌내기 힘들어하는 내 자신을 보면서 또 다시 실망하고 있다. 내 자신이 과연 누구인지 더욱더 생각해 보고 찾아야 할 것으로 생각된다. 내 안에 또 다른 내가 어떤 사람인지 알아야 하지 않을까? 목사님 말대로 우리 힘만으로는 알기 어려울 것 같다. 사실 난 기독교인이지만 신앙이 깊지가 않다. 난 "나는 누구인가?"라는 질문에 대답을 하지 못한다. 하지만 군생활 동안 내 자신을 찾아내며 이 질문에 대해 확실하게 답할 수 있는 사람이 되겠다.

사실 사람의 마음의 고통은 내가 누구인지 모르는 데에서부터 시작한다. 만일 부모에게 한 인격체로서의 가치를 인정받지 못하며 성장할 경우, 자녀들은 스스로의 존재에 대해 회의를 느끼며 자신의 가치를 알지 못하게 된다. 뿐만 아니라 일상의 생활 속에서 세상의 기준으로 평가받을 때 느끼는 낙오자, 실패자와 같은 느낌에서 벗어나기가 어려운 것이 사실이다.

　그러나 이 감정은 감정일 뿐 분명 사실이 아니다. 이것은 사단의 속임수이다. 세상이 만들어낸 거짓된 가치관이다.

　나는 진리를 믿는다. 진리란 그 어떤 상황에서도 변하지 않는 것이다. 나는 진리를 전하고 싶다. 당신도 하나님의 계획 속에서 이 땅에 보내진 소중한 존재라는 것을 말이다. 혹 우리의 태어남이, 우리의 자란 환경에서 그 누구에게도 환영과 사랑과 인정을 받지 못했다 할지라도 하나님의 눈으로 볼 때 당신은 결코 우연한 존재가 아니고, 실패작도 아니고, 있어도 그만 없어도 그만인 존재가 아니다. 당신은 하나님을 닮은 존재이다. 이 진리를 어떻게 전하고 보여 주고 확신할 수 있도록 도와줄 수 있을까? 사역자로서 나는 여전히 고민하고 있다.

6   대한민국을 향한 아주 특별한 은총

올해로 스물두 번째 6·25 상기 구국성회가 열린다. 매해 집회가 열릴 때마다 '어떻게 이런 집회가 가능할 수 있을까?' 하며 의구심을 갖게 되지만, 어려움 속에서도 은혜 가운데 진행되는 것을 보면서 우리 민족과 대한민국 군대를 향한 하나님의 아주 특별한 은총임을 고백하지 않을 수 없다. 올해에도 심상치 않은 시국상황과 훈련 준비에 바쁜 일정을 보내고 있는 가운데 다음과 같이 고민하고 기도하는 병사들이 있을지 모르겠다. 주께서 친히 인도해 주실 것이다.

6·25 구국성회를 기대하며 기다렸다. 그러나 기다리는 도중에 6·25 훈련이 있다는 소식을 듣고 '아! 갈 수 없겠구나!' 하고 마음을 내려놓아야겠다고 마음을 먹었다. 시간이 흐르고 시간은 점점 다가왔다. 어느 순간 하나님께서 제게 말씀하셨다. "왜 못 갈 것이라 생각하니? 넌 갈 수 있다." 하지만 인간적인 생각이 너무 컸다. '훈련이 있는데 어떻게 갈까? 훈련 끝나는 시간이 출발하는 시간인데…' 이런 생각으로 불신만 했다.

시간은 며칠 앞으로 다가왔다. '아! 정말 갈 수 있는 것일까? 그래, 말해 보자.' 조심스럽게 행정보급관님께 말씀드렸다. 돌아오는 대답. 너무 간단하게 "그래, 갔다와라!"였다.

이 집회에 참석 대상이 군종병들이지만 어떤 병사는 지휘관의 권유로 참석하기도 하였다. 입대 후 부대생활에 적응이 늦거나 어려워하는 병사들이 찬양과 말씀, 기도회를 통해서 생각과 마음가짐이 변하게 되는 것을 보게 된다.

이야기 1)
기독교에 대해서 친숙하지 않은 가운데 중대장님의 적극적인 권유로 구국성회를 다녀오게 되었다. 군에 입대한 지 얼마 되지 않았지만, 그간 부대에서 어려운 점이 많아서 머릿속이 많이 혼란해 있었는데 2박 3일 동안 마음의 안정을 찾을 수 있었고, 앞으로의 부대생활도 새롭게 생각해 보는 시간이 되었던 것 같다.

이야기 2)
말씀을 들으면서 왠지 2박 3일 동안 내가 바뀔 수도 있다는 느낌이 왔고, 군생활에 변화를 줄 수 있다는 생각이 들었다. 찬양의 열기와 기도할 때마다 나오는 가슴속의 뜨거운 눈물이 나를 적셨다. 정말 힘들고 나쁜 생각을 많이 하고 있을 때에 적극적으로 구국성회에 가게 된 것은 정말 하나님께서 나를 선택해 주셨다는 생각이 들었다. 영원히 이 시간을 잊지 못할 것 같다.

올해에도 대한민국 군대 안에 있는 믿음의 사람들이 오산리 기도원에서 다시 모인다. 지난해 이 집회를 통해서 받은 은혜와 감동이 한해 동안 병영생활 곳곳에서 착한 행실로 영향을 끼쳤으리라 확신한다. 우리 부대의 장병들도 참여할 것이다. 이 집회를 기대하고 준비하면서 다음과 같은 믿음의 이야기가 기다려진다.

몸은 힘들고, 씻지도 못하고, 예배시간에 자리가 없을까봐 식사도 라면처럼 빨리 먹을 수 있는 것으로 먹고…. 정말 정신없이 지나간 2박 3일이었다. 그러나 그곳에 모인 국군장병들은 개의치 않았다. 물론 우리들도.

찬양은 대지가 흔들릴 만큼 뜨거웠고, 예배는 그 무엇보다 더 집중했고, 기도는 세상 어느 것보다 간절했다. 메말라만 갔던 나의 영혼이 말씀과 기도로 다시 뜨겁게 살아나는 경험을 했다. 밤 12시에 잠깐 잠이 들어 새벽 4시 반에 일어나는 강행군으로 몸은 조금 지쳤을지 몰라도 내 영이 기뻐 날뛰는 것을 느꼈다. 군 입대 후에 서서히 굳어지고 변해 갔던 나를 하나님께서 이번 구국성회를 통해서 살려 주셨다. 다시 자대로 돌아간다 해도 이 열정, 이 마음 변하지 않고 영혼 전도를 통해 하나님께 영광을 돌리고 싶다.

7 아름다운 하모니

   지난주 "바로 그 병사" 이야기를 쓰면서 이번 구국성회
에는 어떤 이야기가 나올까 기다려진다고 했다. 군종병들
의 이야기를 그대로 담아 함께 나누는 것이 좋을 것 같다.
이들의 이야기에서 '희망, 열정, 예배, 치유, 벅찬 감동, 은
혜' 등의 단어들이 눈에 띈다. 정신없이 군생활을 하다가 우연히(?) 집
회에 참석했다고 말하는 형제들이 많은데 다음과 같이 간절히 사모하
는 군종병도 있었다.

이번 구국성회는 나에게 있어 준비기간이 상당히 긴 집회였다. 2012년
새해가 밝음과 동시에 나의 연간계획에 6월말, 6·25 구국성회라고 적어 넣
었고, 그때부터 난 기도로 준비했었다. 선임 군종병이 전역을 하며 누구에
게 자리를 물려 줄지 불확실한 가운데에서도 내가 구국성회를 갈 수 있을
것이라는 믿음을 내려놓지 않았다. 감사하게도 차기 군종병이 되었고, 참
석자 명단에 올라갔다. (중략)
둘째날 저녁집회 때 이찬수 목사님께서 우리의 욕심을 채우는 일방통
행의 기도를 지양하고, 주께서 하시는 말씀을 귀로 듣는 자가 되라고 말씀
하셨다. 이것은 일 년 반 동안 잊고 지냈던 나의 기도제목이었다. 하나님

은 만여 명 전체를 보시지 않고 우리 개개인을 바라보고 계신다는 그 말씀이 나에게는 더없는 큰 은혜요, 함께 걷자고 내미시는 하나님의 따뜻한 손길이었다.

그리고 유일하게 두 번 참석한 병사도 있었다. 욕심쟁이, 후후훗!

두 번째로 참여한 구국성회. 작년에 받은 그 감동과 은혜가 잊혀지지 않아서 후임에게 양보하지 못하고, 내 욕심을 버리지 못해서 다시 한 번 참석하게 되었다. 전역이 얼마 남지 않아 근심거리가 많았는데 이번 구국성회를 통해서 확실한 응답을 받았다. 비록 부대에 있을 때보다 지치고 잠도 못 자는 2박 3일이었지만, 너무 뜻 깊고 잊지 못할 여름이었다.

많은 군종병들의 이야기 중에서 "빨리 예배하고 싶다."고 하는 이야기가 나에게 진한 감동으로 다가온다. 함께 나누고 싶다.

지금은 모든 순서를 마치고 연대로 돌아가기 직전입니다. 집회 참석 전 '업무는 어떻게 될 것인가? 집회는 은혜로울 것인가?'와 같은 수많은 걱정과 두려움이 가득했던 제 속에는 지금 '빨리 예배하고 싶다.'라는 마음이 불사르고 있습니다. 처음부터 끝까지 은혜로 인도하신 주님을 느낄 수 있었습니다. 집회를 통해서 이 나라를 사랑하시는 주님, 이 군대를 사랑하시는 주님의 마음을 느낄 수 있었습니다. (중략) 그리고 예배보다 제 마음을 따뜻하게 했던 것은 '내가 무엇이관대 이렇게 많은 대접을 받으며 예배에만 집중할 수 있게 하는가?'라는 물음이 들게 한 우리 사단, 연대 교회 목사님, 권사님, 집사님들의 관심과 수고와 헌신이었습니다. 이분들의 헌신을 보며 '내가 정말 축복받았구나! 내가 속한 북한산부대는 정말 좋은 곳

이구나! 하나님이 우리 사단을 축복하시 않으실 수 없겠구나.'라는 생각
이 들었습니다.

이제 부대로 돌아가면 많은 영적인 골리앗이 내가 받은 은혜를 인해 괴
롭히겠지만 담대하게 다윗과 같이 나아가 승리하는 군종병이 될 것입니다.
연대 교회에 이 불을 옮기겠습니다. 감사합니다. 사랑합니다. 축복합니다.

2012년 백운 교회 구국성회는 목회자인 나에게는 다른 어느 해의
구국성회보다 기쁘고 감사한 시간이었다. 개인 휴가를 온전히 집회에
헌신하신 신우회 총무 집사님, 군종병들이 은혜의 자리에서 예배에 참
석할 수 있도록 아침 일찍 출발하여 자리를 준비하신 목사님, 수요일
저녁부터 매끼마다 정성으로 식사를 준비해 주신 여전도회장님과 회
원들, 그리고 훈련 가운데에서도 기꺼이 군종병들을 보내 주신 예하부
대 지휘관들, 그리고 기도로 함께 마음을 모아 준 백운 교회의 모든 믿
음의 식구들. 이 모두가 아름다운 하모니가 되어 하나님께 영광 돌린
영적 오케스트라의 단원이었다고 꼭 말하고 싶다.

8 그래도 희망을 이야기하자

우리 부대는 상근예비역들이 많은 향토사단이다. 이 병사들은 대부분 경제적인 어려움을 겪고 있다고 보고되고 있다. 어떤 병사들은 기초 수급생활 대상자로 지자체의 지원을 받기도 하고, 지속적이지는 않지만 대대에서 작은 정성을 모아 위문하고 격려를 하고 있는 것 같다. 군인은 '군인복무규율 상' 영리 행위를 할 수 없으나 생계가 곤란한 상근예비역에 한하여 대대장급 지휘관의 판단 하에 가능하다고 한다. 우리 부대에도 십여 명이 주말을 이용하여 생계형 아르바이트를 하고 있다고 한다.

1997년 말 외환위기 전까지는 대한민국에서의 빈곤문제는 일만 하면 해결되는 문제였다. 하지만 외환위기 이후 일할 수 있는 사람들도 가난해질 수 있는 사회로 진입했다고 분석한다. 아무리 열심히 일해도 가난하게 되는 사람들, 즉 '신(新)빈곤층'이 등장한 것이다. 과거에는 가난해도 희망이 있는 빈곤의 시대였다. 하지만 현재는 가난의 결과가 물질적 결핍을 넘어 가족이 해체가 되고 더 나아가 사회적 고립과 무기력의 모습으로 나타나고 있다. 한국인의 자살률이 OECD 회원국 중 1위이고, 75세 이상의 초고령 노인의 자살률은 무려 다른 나라들의 20-30배에 이른다고 하니 우리나라를 동방예의지국이라 하는 것도 부끄럽게 느껴진다. '상근예비역 병사들은 이 시대가 만들어낸 희생자들이 아닌가?' 하는 생각도 해본다. 이들은 이러한 환경 가운데에서 가정을 돌보면서 군생활을 해야만 하는 책임을 안고 있다. 참 대견하기도 하다.

최근 '이들을 격려하고 위로할 수 있는 길이 없을까?' 하는 것이 우리 부대와 교회의 화두이다. 오래전 한 병사의 편지를 받은 적이 있다.

충성! 저는 상병 조OO입니다. 무더운 기승을 부리던 여름 날씨가 이젠 제법 따가운 햇살로 바뀌어 내리쬐고 있습니다. 제가 자대에 와 목사님을 처음 만난지도 어느새 일 년이 다 되어가고 있습니다. 첫 만남에서 많은 인상이 남은 탓인지 아직도 목사님을 뵐 때면 나이에 어울리지 않게 쑥스러움이 생긴답니다. 그래서 목사님께 하고 싶은 말도 쉽게 하지 못할 때가 많다는 것을 알고 계시는지 궁금합니다. 오늘은 제게 아주 힘든 일 한 가지 말씀드리고 싶습니다.(중략)

저희 집은 부모님들 간의 이혼 소송 상태이며, 두 동생은 통장을 가지고 도박장으로 나간 아버지 때문에 학비가 없다며 가끔씩 제게 전화를 해오곤 합니다. 그땐 없는 월급이지만 그것이라도 모아 학비에 보태 주곤 합니다. 돈이 없는 환경에서 공부하는 것이 얼마나 힘든 일인지 너무도 잘 알고 있기 때문에 동생들에게 부담을 주지 않으려고 노력하고 있습니다. 고3인 큰동생, 그리고 이제 막 사춘기에 접어든 막내동생이 혹시 나쁜 길로 접어들지 않을까 걱정이 됩니다. 이럴 때 큰 힘이 되어 주어야 한다고 주위의 친지분들께서 말씀하시지만 이제 스물둘인 제겐 지금의 일들이 너무나도 큰 짐이 됩니다. 목사님, 제겐 아직 힘이 듭니다. 목사님께 희망을 얻고 싶습니다. 저희 중대 소속 권OO 일병을 잘 지켜 주셔서 감사합니다. 너무

나도 힘든 시기를 목사님을 통해 넘겼다는 말에 저도 실낱 같은 희망을 걸어보려 합니다.

십여 년 전의 일이다. 정신 차리지 못하는 부모를 보면 화가 나고 기가 막힌다. 그럼에도 불구하고 당시 부대장에게 보고를 드리고 부대 차원에서 도움을 줄 수 있는 방안을 검토하고 교회에서 작은 도움을 준 기억이 있다. 그 도움은 미약한 것이었지만 그저 희망을 주고 싶었던 마음이었으리라. 사실 그 가정의 뿌리 깊은 문제들과 총체적인 빈곤의 위기 속에 있는 한국사회를 향해서 '우리가 무엇을 할 수 있을까?' 하는 마음에 가난의 문제를 회피하고 싶지만 동시대를 살아가고 있는 그리스도인으로서 '누가 우리의 이웃인가?'라는 질문 앞에 우리의 사명이 있다는 것을 깨닫게 된다.

나도 참 가난했다. 하루 벌어서 하루 먹는 노점상하시는 아버지가 육남매를 키우셨으니. 가난했지만 부모와 교회의 사랑을 많이 받았다. 그리고 무엇보다 하나님의 사랑까지. 지금은 목회자로서 그 사랑을 보여 주고 증거하는 자로 쓰임받고 있다. 그리고 백운 교회를 맡겨 주셨다.

후반기 우리 교회가 함께 사랑을 실천할 수 있는 것이 무엇인지 지혜를 모아보자. 그래도 교회가 세상의 희망이라고 말해야 하지 않겠는가?

연애편지

장병들이 나에게 보내 준 편지 모음집을 살피면서 입가에 미소를 짓게 하는 편지 한 장을 발견했다. 입대 전, 사찰에서 어린 시절과 학창 시절을 보낸 불교 군종병 후보(?) 병사의 편지였다. 오랜 사찰생활로 사람들과 어울리는 것이 쉽지 않았던 것 같다. 손목을 그어 자해를 시도하기까지 했으니 이등병생활 적응이 정말 어려웠었다고 할 수 있다. 힘든 이등병생활을 마칠 무렵 GOP에서 여유를 느끼며 진한(?) 연애편지를 나에게 보냈다. 이 병사의 편지는 이상란의 '인연'이라는 시로 시작을 하고 있다.

"살찐 돼지로 남아서 / 이리의 먹이가 되느니 / 불꽃으로 살자 /
깊은 계곡에 흐르는 물로 살자 / 가지에 걸림 없는 바람으로 살자 /
산사에 가득한 달빛으로 살자"

편지의 처음을 이렇게 시로 시작한 것은 목사님과 제가 어떤 인연으로 만나는건지 궁금해서입니다. 오늘 저에게 또 수첩·메모지를 주고 가셨습니다. 아직 예전에 주신 메모지를 다 쓰지 못했습니다. 저도 모르게 아끼고 있습니다. 그리고 그것은 저보다도 다른 사람을 위해 사용하고 있습니다.

편지에도 몇 번 보냈습니다. 추신으로 말입니다. 목사님께서 주신 그 선물이 제겐 아주 가치 있는 것이 되었습니다. 그리고 오늘 목사님을 오랜만에 뵈었는데 넘 좋았습니다. 어떤 말로 표현하지 못했지만 제 심장은 마구 뛰고 있었습니다. 왜 설렘이 생기는지 모르겠습니다. 언제나 목사님께 감사의 마음을 갖고 있습니다.

　요즘은 개인적인 시간을 참 많습니다. 그래서 짬을 내어서 책을 읽고 있습니다. 《포도원》, 《낮은 울타리》 등. 《포도원》은 남문에서 보기 시작했는데 처음에 거기에 나오는 유머 때문에 끌리게 되었습니다. 그러다 차츰 내용을 살펴보았는데 마음에 와닿는 이야기 그리고 가슴 찡한 사연들 때문에 저도 모르게 책 속에 푹 빠져 단숨에 책을 다 읽어버렸습니다. (중략) 이런 책과의 만남도 목사님의 따뜻함이 있었기에 제가 관심을 기울이게 되었습니다. 여름 한복판에 서 있는 지금 건조해진 마음을 촉촉하게 적실 이야기가 담겨 있는 이 책, 힘들어하는 이등병들에게 권해 주시면 감사하겠습니다. 그리고 샬롬, 목사님도 건강하시기를 바랍니다. 늘 곁에 있는 것 같은 당신을 사랑합니다.

구 칠년 칠월 스무하루 목사님을 뵙고 OO 올림

해가 지나 따뜻한 봄날, 바로 그 병사로부터 또 한 장의 편지를 받았다.

　情목사님께!

　진달래, 개나리, 시원한 바람, 아침 새 소리, 개구리 소리 등 모두가 봄이 왔음을 알게 해줍니다. 그러나 밤과 낮의 기온 차이는 봄날처럼 상쾌한 느낌을 잊게 합니다. 오늘 날씨는 아침에 짙게 깔린 안개가 말하듯 무척이나 무덥습니다. 이런 날 땡볕 아래 총 한 자루 들고서 근무를 서고 있는 제 모습을 보자니 너무나 어리숙하다는 생각이 들었습니다. 항상 근심 걱정 없어 보이는 목사님을 볼 때면 짜증났던 마음이 어느새 사라지고 맙니다.

GOP에 있으니까 FEBA에 있을 때보다 좋은 것이 하나가 있습니다. 목사님을 자주 뵐 수 있다는 것입니다. 언젠가 근무를 서는데 목사님께서 지나가시다가 오리온 초코파이를 주셨습니다. 그 초코파이에는 情 자가 씌어져 있었습니다. 그 초코파이를 줄 때마다 목사님께서 진정으로 주는 것은 초코파이가 아니라 그 속에 담긴 정과 사랑 그리고 희망이라고 생각합니다. 저는 때때로 희망이 사라지곤 합니다. 군대에 아직 적응을 못해 그럴 거라 생각합니다. 하지만 목사님을 볼 때면 어떤 보이지 않는 희망이 손에 잡히는 듯합니다. (중략)

구팔년 사월 열하나-열둘 날 무지무지 비 많이 온 날, 일요일에

사실, 난 이 병사가 보았던 것처럼 걱정 근심이 없는 사람이 아니다. 그리고 정이 많은 사람도 아니다. 다른 군종목사들처럼 GOP 경계작전에 임하고 있는 병사들을 자주 방문하지 못했다. 그러나 짧은 만남이지만 찬찬히 눈을 바라보며 이야기를 끝까지 들으려 했던 그 마음이 바로 그 병사에게 전달되었던 것 같다. 아무튼 종교와 신분을 넘어서 진솔하고 따뜻한 만남을 가질 수 있었던 아름다운 이야기가 있어난 무척 행복하다. 다시 미소가 깃든다. 지금 내 일상에서 이러한 만남이 이루어지기를 기대해 본다.

10 대대 중보기도팀

 어느 날, 페이스북에 친구 요청과 함께 반가운 인사말이 올라왔다. 사실, 어렴풋하다. 초임 연대 목사 시절 대대본부 중대에서 근무했고, 현재는 성남에서 부목사로 사역하고 있다고 했다. 얼마 후에 당시 중위였던 한 장교와 찍은 사진이 올라왔다. 지금 그는 아프리카 ○○ 선교사이다. 그들은 장교와 사병으로 만났고, 군복무 후 신학대학원에서 함께 공부를 했고, 현재는 아프리카 우물파기 헌금을 전달할 수 있는 동역자로서 만나고 있었다. 바로 그 병사는 댓글에 "군생활하는 동안 두 분이 계셔서 버틸 수 있었습니다. 존경하고 축복합니다."라는 짧은 글을 남기고 있다. 사실, 대대급 교회들은 연대 목사의 목회적 돌봄이 미치기 쉽지 않다. 그럼에도 십여 년이 지난 후 나를 온라인에서 찾아와 나를 기억해 준 마음이 고마울 뿐이다.

1995년 기초 군사 교육과 병과 교육을 받고 8월 중순에 임관을 했을 당시 그 대대 교회는 다른 어느 대대 교회들보다도 영적으로 침체되어 있었다. 하지만 그해 연말에 연대 목사에게 취임 전 무릎을 꿇고

204 힐링 밀리터리

기도를 받았던 대대장이 부임을 했고, 다음해 선교적 열정이 있는 젊은 장교의 전입으로 야전 교회가 은혜 가운데 세워지는 것을 볼 수 있었다. 무엇보다 부흥의 현장 가운데 대대를 위한 중보기도팀을 조직하여 헌신하고자 했던 바로 그 장교의 열정이 있었다. 당시 그 장교에 의해 기록된 내 손에 들려 있는 '중보기도 헌신 신청서' 일부를 발췌해 본다.

무엇인가 잃어버리고 가는 듯한 곳, 고생은 많이 하지만 알아 주는 이 하나 없는 곳, 생각하면 할수록 괴로움만 커지기에 되는 대로 살아가는 곳, 무언가 갈급하지만 복음은 아닐 거라 장담하는 곳, 하지만 이곳에 주님의 꿈을 나의 꿈으로, 주님의 아픔을 나의 아픔으로 여기며 영혼을 살리기 위해 주님의 꿈을 이루어드리기 위해 젊음을 불태우는 이들이 있습니다. 이들을 통해 성경공부 모임과 기도회가 부대 곳곳에서 열리고 있으며 이런 모임들이 이 부대의 복음화의 핵을 이룰 것입니다. 하지만 모든 사역의 중심에서 경험할 때 가장 절실히 느끼는 것은 기도의 빈약함입니다. 영혼이 사는 것을 가장 원하시는 분이 주님이시고 가장 확실하게 그 일을 하실 분이 주님이시라면 우리가 목숨을 걸어야 할 부분은 다름 아닌 기도일 것입니다. 시간과 장소의 절대 부족의 현실에서 각 개인이 나름대로의 기도생활을 하고 있지만 엄청난 무게의 영적 공격들을 견디어내기에는 많은 어려움들이 있습니다. 기도에 목숨을 걸고 하나님 신뢰하는 것을 최고의 가치로 두는 사람들….

조금 더 전략적이고 조직적인 기도운동을 위해, 한 차원 높은 헌신으로 복음화를 이루기 위해 OO 교회에서 중보기도단을 세울 것입니다. 기도훈련 프로그램(4-5주)을 통해 선별되고 요원화된 형제들이 집중적이고 전략적인 기도를 모을 것입니다. 다원적인 신관과 인본주의, 무신론, 현실주의, 피해의식, 허무주의…. 하나님께 나아가는 데 막고 서 있는 많은 벽들을 주님께 향한 신뢰와 절대 믿음의 기도로 무너뜨려 나갈 기도의 용사가 필요합니다. 하나님께 아무 값없이 받은 사랑을 또한 아무 값없이 돌려드려야 하겠습니다. 이름도 없이 빛도 없이 OO께서도 숨은 중보자가 되어 주십시오. 많은 젊은 군인들이 예수 그리스도의 피에 감격하여 눈물 흘리고 그 사랑에 벅차하여 자신의 삶을 헌신하는 모습들을 우리 함께 꿈꾸어봅시다. (OO교회 중보기도단)

아마도 이 두 명은 대대를 위한 중보기도단에서 함께 기도했을 것이다. 그때 함께했던 기도의 만남이 지금도 서로를 위로하고 사명을 나누는 아름다운 동역자로 만나게 하는 것이 아닐까? 지금 내 사역의 현장에도 이러한 하나님 나라를 위해 꿈꾸는 젊은 형제들이 곳곳에서 세워져야 할 텐데…. 그 장교가 28개월의 초임 사역을 마치고 부대 전출하는 나에게 보내 준 엽서의 마지막 구절이 자꾸 생각이 난다.

"무엇보다 목사님께서 지금 순간보다 하나님을 더 사랑하게 되시도록 기도하겠습니다."

사랑하는 안남기 목사님께!
목사님 가시는데 인사도 못 드립니다. 그동안 몸 아끼지 않고 여덟 개 교회의 잃은 양들의 목자가 되셨었는데 이렇게 떠나시니 참으로 서운하고 아쉽고 남겨진 교회가 안쓰럽기 이루 말할 수 없습니다. 목사님께서는 더 그러시겠지요. 죄송합니다. 하나님 앞에 부끄러운 마음으로 다시 서서 열심히 OO 교회를 섬기겠습니다. 목사님 사역, 늘 기억하며 기도하겠습니다. 무엇보다 목사님께서 지금 순간보다 하나님을 더 사랑하게 되시도록 기도하겠습니다.

너희 착한 행실을 보고

매월 마지막 주 수요일은 사단에서 근무하는 상근예비역들과의 만남이 있는 날이다. 수개월 전부터 퇴근 한 시간 전에 교회로 초청하여 인성 교육을 하고, 여전도회에서 준비한 저녁식사를 하고 집으로 퇴근하도록 했다. 지난달부터는 교회 여 집사님들과 조를 이루어 교회 카페에서 인생 이야기를 나눌 수 있었다. 처음에는 서먹해 하다가 이제는 지나가다가 마주칠 때면 반갑게 미소 지어 인사할 수 있게 되었다. "우리가 이렇게 호의를 받는 이유가 무엇이죠?" 하고 질문하는 병사도 있었다. 그냥 여러분들이 누구인지 궁금하고, 보고 싶은 마음뿐이라고 대답을 했지만, '내가 왜 이런 만남을 시도했을까?'를 생각해 보았다. 어떤 목적으로 만나는 것이 아니라 만남 그 자체에 의미를 두고, 그 만남을 통해서 어떠한 일이 일어나는가를 지켜보려 한다.

한 달에 한 번 만나면서 얼굴이 익고, 조금씩 이야기를 듣기 시작하면서 그들의 삶에 관심을 갖게 되는 것 같다. 어떤 조건 없이 그들의 이야기에 귀를 기울여보고자 한다.

한편, 지난주에는 한 대대에서 상근예비역 인성 교육을 부탁하는 연락이 왔다. 구청이나 동에서 근무하는 수십여 명의 병사들이 정기적으로 모이는 날, 한 시간을 나에게 허락해 준 것이다. 교육시간에 늦을까 싶어 조금 과속을 하다가 속도위반 쪽지가 날아왔다.

내 이야기의 주제는 '소통'이었다. 가정에서, 군대 안에서 동료들과의 관계에서 마음의 이야기를 할 수 있으면 좋겠다는 내용이었다. 목사인 나는 "여러분들에 대해서 알고 싶다."고 말하고, 쪽지로 자신을 소개할 수 있도록 했다. 그리고 이 시간 이후에 개인적으로 두 번째 만남이 있으면 좋겠다고 전하고 면담을 요청하는 병사들의 사연을 기록하도록 했다. 그 중에 어릴 적 가정 안에 있었던 가슴 아픈 사연을 가진 한 병사와 엊그제 두 번째 만남이 있었다. 돌아가는 길에 "목사님, 오늘 말씀 고마웠습니다. 푹 쉬십시오."라고 인사를 받기도 했다. 차주에는 "이야기를 한 번 해봤으면 좋겠습니다. 나중에 한 번 찾아와 주십쇼." 했던 한 병사를 만날 예정이다. 바라기는 나와의 짧은 만남이 문제를 풀어가는 첫 단추가 되면 좋겠다.

상담을 마치고 돌아오는 그 시간, 사단 교회에서 몇 명의 상근예비역 병사들에게 조금씩 지원하고 있는데, "목사님, 이번 달 지원금 잘 받았습니다. 유용하게 사용하겠습니다. 하나님께 감사합니다." 하는 한 병사의 피드백을 받기도 했다. 작은 지원이지만 감사함으로 받아 주는 그 태도가 대견할 뿐이다.

이번 주는 '전도'라는 주제로 설교를 준비하고 있다. 요즈음 한국교회는 전반적으로 전도가 어렵다는 분위기가 팽배하다. 지난 6월 서울

지하철 공사가 5-8호선 승객 2,000명 가까운 사람들을 대상으로 만족도 설문조사를 했는데, 지하철 안에서 가장 없어져야 할 모습 1위가 전도인 것으로 나타났다고 한다. 가장 거룩하고 성령께서 행하시는 신비스러운 전도가 술주정과 동일한 취급을 받고 있는 현실이다. 길거리 전도가 필요치 않다는 것이 아니다. 우리가 어떤 전도방법을 취해도 반기독교 세력들은 그것을 비난하고 싫어할 것이지만, 기독교의 전도방법이 아직 그리스도인이 되지 아니한 사람들의 비난과 공격을 자초하고 있는 모습이 안타깝다. 그러나 전도가 어렵다는 현실을 살아가고 있지만, 여전히 이곳저곳에서 신실한 수많은 전도의 수고와 열매들이 존재한다는 것을 알고 있는가? 한국교회의 이미지가 바닥을 치는 것은 사실이지만, 지금도 누군가에 의해서 복음을 듣고, 복음의 능력을 깨닫고, 복음 안에서 참 행복해 하고, 참된 삶의 의미와 가치를 발견한 사람들이 있다는 것이다. 아무리 안티기독교가 방해하고, 진리의 절대성을 부인하고 모든 종교는 똑같다고 주장하는 포스트모더니즘의 시대적 사조가 있다 하더라도 복음의 신실한 열매가 있다는 것이다. 예수님께서 친히 제자들과 이 땅의 그리스도인들을 향해 말씀하신 전도의 방법이 우리 그리스도인들이 행해야 할 성경적이고 복음적인 대안이라 할 수 있다.

최근 군종목사단에서 시행하고 있는 '선사인 운동'은 이런 맥락에서 군선교의 새로운 패러다임이라 할 수 있을 것이다.

"이같이 너희 빛이 사람 앞에 비치게 하여 그들로 너희 착한 행실을 보고 하늘에 계신 너희 아버지께 영광을 돌리게 하라(마 5:16)."

12 다시 희망을 이야기하자

배우 고(故) 최진실 씨의 전남편이자 유명한 야구선수였던 조성민 씨가 스스로 목숨을 끊었다. 2000년 들어 탤런트, 가수, 정치인, 경제인들과 같은 유명한 사람들뿐만 아니라 이 땅의 보통 사람들이 스스로 목숨을 끊는 행렬이 그 숫자를 헤아리기기 민망할 정도로 끊이지 않고 있다. 하루 평균 42명이 자살로 사망하고 자살이 사망 원인 1위인 나라, 대한민국이다. 평범한 사람들은 아무리 "죽는 것이 낫다."라고 느낄 수밖에 없는 현실에서 "그래도 희망의 증거가 되어 달라."고 기대했을 텐데, 자신의 미래가 과거의 부정적인 면들로 반복될 것 같은 두려움이 컸던 것인지, 아니면 사람들의 따가운 시선이 그를 차가운 죽음으로 이끌지는 않았는지 자책을 해본다.

그러나 절망은 하나님을 믿는 사람들에게도 찾아온다. 초청하지도 않은 불편한 손님을 막을 수가 없다. 교수, 목사에게도 찾아온다. 최근 가까이에 있는 사역지를 찾고 있는 선후배, 동기 목사님들, 개척 교회 목사님들, 군선교 현장에서 이름도 빛도 없이 한 영혼을 사랑하여 헌신하시는 군선교 목사님들, 실력과 성품과 겸비되어 있는 교수이지만 현실에 부딪치는 높은 장벽 앞에서 꼼짝달싹하지 못하는 모습을 가까이에서 보면서 '과연 희망이 무엇인가?' 하는 질문을 해본다.

최근 한 교수님께서 페이스 북을 올린 '창가의 독백'이라는 시가 있다.

"캄캄한 밤, 벽에 등 기대고 앉아 빛을 머금은 창을 바라본다 / 온기 없는 방 배 깔고 바닥에 누워 펄펄 끓는 대지의 심장 박동을 귀 기울여 듣는다 / 정의와 사랑 없는 세상 사람으로 와 십자가를 지셨으니 죽음을 넘어선 삶 사는 것이 희망이다."

또 한 편의 이야기다.

"인생의 덧없음을 슬퍼하지 않는다. 마치 전에는 그러지 않았던 것처럼 아쉬워하거나 섭섭해 하지도 않는다. 에덴 이후의 인간이란 원래 그런 존재이기 때문이다. 당장에 일이 없고 앞날이 어둡다고 놀라지 않는다. 누군가 앞서면 누군가는 뒷서야 하는 것이 사람 사는 방식이니까."

고독과 절망을 말한다고 해서 희망을 부정한다는 말은 아닌 것 같다. 현재 경험하고 있는 이 고통의 시간들 속에 하나님을 내 머리로는 이해할 수 없지만 그분이 나의 절망 가운데서도 뭔가 움직이실 줄 확신하고 있다는 것을 발견하게 된다. 이사야의 말씀이 생각난다.

"보라 내가 새 일을 행하리니 이제 나타낼 것이라 너희가 그것을 알지 못하겠느냐 반드시 내가 광야에 길을 사막에 강을 내리니(사 43:19)"

이 구절이 한주간 설교를 준비하면서 떠오른 말씀이다. 여러 번 강단에서 증거한 것이지만, 인생의 2막을 준비하고 있는 우리 교우들과 오랜 시간 동안 고통스러운 문제를 안고 씨름하고 있는 교우들을 생각하면서 "광야에 길을 내시고 사막에 강을 내시는 하나님 우리 인생 이야기 속에 새 일을 행하실 하나님"을 전하고 싶다. 자연을 창조하시고, 지배하시고, 한 나라의 역사도 새롭게 하시는 하나님께서 한 사람 한 사람의 삶을 계획하시고 가장 선하고 좋은 길로 인도하실 것이라는 믿는다. 고생을 모르는 목사의 개인적인 위로의 말이라 하지 말자. 하나님께서 현실에 부딪혀 절망 가운데 있는 이 시대의 사람들을 향해 말씀하시는 살아계신 하나님의 약속이다.

오늘 내 처지가 말이 아니라고 해서 내일도 그럴 것이라는 속단을 하지 말자. 내일이 오늘보다 더 낫고 행복할 것이고, 내가 계획하는 대로 이루어질 것이라고 환상을 말하는 것이 아니다. 분명한 한 가지 사실은 미래에도 살아계신 하나님께서 이끄신다는 것이다. 신구약 성경 전체를 통하여 어느 책에서도 하나님이 이처럼 용기를 주려고 격려하는 구절을 찾기 힘들 정도의 강력한 희망의 메시지이다. 사막에 강을 내시는 하나님! 침묵이 얼마나 무서운지, 하나님이 우리를 내버리는 것처럼 느껴질 때, 하나님은 모든 사람은 다 사랑하고 용서하고 자비를 베푸셔도 나에게는 전혀 관심도 없고 사랑하지 않는 것처럼 여겨질 때 이 말씀이 영혼의 힘이 되어지기를 기도한다. 성령님께서 새 일을 행하신다는 하나님의 말씀을 듣고 확신하는 한 사람 한 사람에게 생명의 빛을 비추어 주셔서 어두운 마음을 거두어 주시고 다시 희망을 이야기할 수 있기를 간절히 소망한다.

교회가 희망이다

새해를 시작하면서 한 달 동안 '교회와 희망'에 대한 메시지를 준비하여 주일 오전예배 설교를 하였다. 그리고 세이레 새벽기도회 기간에 '교회가 교회되게'라는 제목으로 신약성경에 나타난 교회들의 특징을 살펴보았다. 세이레 마지막 주는 에베소서 4장의 말씀을 바탕으로 "성령의 하나 되게 하심을 힘써 지키라"라는 주제로 말씀을 나누었다. 다양한 초대교회의 모습 속에 이 시대를 살아가고 있는 교회들에게 권면하시는 음성을 듣고자 하였다. 유난히 에베소서 4장 16절의 말씀이 새롭게 들려온다.

"그에게서 온 몸이 각 마디를 통하여 도움을 받음으로 연결되고 결합하여 각 지체의 분량대로 역사하여 그 몸을 자라게 하여 사랑 안에서 스스로 세우느니라(엡 4:16)."

교회를 그리스도의 몸이라 하는 것은 모든 신자가 지체로서 다 중요하고 각자가 고유한 기능을 가지고 있다는 것을 의미한다. 신자가 성령으로 세례를 받으면 그리스도의 몸에 참예하는 자가 되고, 성만찬에서 떡을 떼고 잔을 마실 때 그리스도와 믿는 자들 안에 한 몸이 된 신비스러운 일체감을 체험하게 된다. 교회는 지금 세상에서 일하고 계시는 그리스도의 몸이라 할 수 있다. 그렇다면 우리 몸 가운데 중요하지 않은 기관이 있을까? 심장은 심장만을 위해 존재하는 것이 아니다. 우리 몸의 지체는 그 어느 것 하나 소중하지 않은 기관이 없다. 지체는 다른 지체를 섬기기 위해 존재하는 것이다. 서로 의존적인 관계이기에 서로 돕지 않으면 살아남을 수 없게 된다.

분명 교회는 하나님을 위해 존재한다. 하나님을 예배하는 것이 없는 교회는 존재할 이유가 없다. 그리고 교회는 세상의 구원을 위하여 존재한다. 그리스도인들은 세상에서 선택하여 부름받은 하나님의 백성이지만, 세상을 구원하고 섬기기 위해서 보내심을 받은 존재들이다. 그리고 교회는 교회를 위해서도 존재해야 한다. 이 말은 교회는 성도를 양육하고 훈련하기 위해 존재한다는 것이다. 다시 말하면 교회는 칼빈이 말한 어머니로서의 역할을 감당해야 한다. 교회의 품안에 있는 하나님의 자녀들이 성숙한 신앙인으로 그 신앙이 목표를 이룰 때까지 교회는 어머니의 배려를 베풀지 않으면 안 된다. 그래서 하나님은 교회에 사역자들을 세워 주셨다.

말씀을 가르치는 목사로서 다시 우리 교회를 생각해 본다. 특별히 군 현장에 세워진 군대 교회를 다시 생각해 본다.

지난주에 오랫동안 군대 교회를 섬기시는 군선교 교역자 목사님을 만나서 이야기를 들을 수 있었다. 이야기를 녹음해서 다시 들었다. 군대 교회의 특징이 무엇인지, 왜 아직까지 군에서 사역하고 있는지, 군선교 현장에서의 애환은 어떤 것들이 있는지 등 여러 가지 질문을 드렸는데 다음의 이야기가 목사님 사역의 근원적 힘이 되는 것 같다.

군은 젊은이들이 많다는 데서 아주 중요한 선교 현장이라 생각합니다. 이들을 잘 양육하면 희망이 있잖아요. 이들이 복음을 통해서 새로운 국가관이 형성되고, 나아가 민족의 공동체를 만들어 가는 꿈을 공유하는 측면에서 기대가 되고 제 마음은 고무가 되어 있습니다. 크게 나라의 꿈나무들에게 꿈을 준다는 데에 군사역의 의미가 있습니다. 그래서 저는 헌금 기도할 때마다 비전을 위한 기도합니다. 지금은 철부지고 사고뭉치이지만 전역을 하고 학교를 마치고 결혼을 하고 나름대로의 커뮤니티에 들어갈 때 군대정신, 예수정신으로 발휘한다면 우리 사회에 미치는 파급 효과가 크다고 생각합니다.

목사님은 젊은이들을 세워 나가는 바로 그 현장에 있는 분이다. 예순 살이 되셨지만 아직까지 젊은 정신이 부럽게 느껴진다. 몇 번의 민간목회 청빙의 기회가 있었지만 군대 교회가 주는 다음 세대를 세우고 자라게 하는 기쁨과 바꾸지 않았던 것이다.

지금 나는 군이라는 현장에서 목회를 하고 있다. 에베소서 4장 16절은 군대 현장에서 목사와 군대 교회 성도들이 함께 붙들어야 할 '바로 그 말씀'이라 여겨진다.